なまえデザイン

小藥 元

宣伝会議

はじめに

人間が必ず持っているもの。それは「名前」。
世界中で持っていない人を探すことの方が
難しいのではないでしょうか。
宇宙人にだってありそうです。
お勤めの会社にも、ご担当されているブランドやサービスにも。
新商品のフレーバーにも、参加するプロジェクトにも。
今日着ている洋服にだって、つけた香水にも、
さっき買ったアイスとグミにだって。
今そこを通った車も、テーブルの上のボールペンも、
見上げた雲も星も。
来週行く予定の美術館にも、その展示にも、

焼肉屋さんにも名前がある。

「富士山」だって誰かが名前をつけたわけですし、
そもそも「風」「雪」「桜」って
最初に呼んだ天才は誰でしょうか。
恋もラーメンも北斗七星も、
現時点でもう、その名以外思いつかない。

存在＝その名前。言ってみれば、それは命。

目に見えない、手で直接つかめない、

人間の感情のそれぞれにだって。

みんなには秘密のSNSのアカウントだって、

ペットのスコティッシュフォールドの猫にだって、

映画も小説もユーチューブにあげる作品のタイトルだって。

ああ、キリがない。

人間はありとあらゆるものを名づけたがる。

世界は名前で出来ている。

そもそも名前がなければ、概念をつかめない。

名前は世界に輪郭を与え、名前を通して人間は世界と握手する。

はじめまして。コピーライターの小藥元と申します。

1983年の元日生まれ（元という名前の由来です）。2005年に新卒で博報堂に入社し、制作局・コピーライター配属。約10年の修業を経て、独立しました。meet&meetという屋号を掲げ、クリエイティブディレクターとして現在は企業のブランディングプロジェクトに数多く携わりますが、主軸は言葉の力を信じ、言葉をコアに仕事をするコピーライターです。

今まで18年間の仕事のキャリアの中で、多種多様な業界のブランドにおけるコンセプトメイキングおよびコピー開発、そしてこの本の主題でもある「なまえ」に携わってきました。

いわゆるネーミングです。

全く売れていなかった冷え性対策の靴下や、珈琲の新商品。関東最大級のサウナ宿泊施設や、新設の私立小学校。大手100円ショップが手掛ける300円ショップ新ブランド、大きな商業施設、高級日本酒ブランド、ハウスメーカーのプレミアムオーダーハウス、テレビ局とアイドルグループとの番組名、プロバスケットチームにも名前をつけました。県営緑地にできたレストラン・キャンプ場、インターネット会社のECコマース、食品会社のコラボレーション屋号、飲料メーカーのお茶シリーズ、車メーカーのナビゲーションアプリ、ガス会社の新サービス、会社名・企業グループ名などなど……実はまだまだあります。
名前は、辞書的に言えば名詞。しかし私の中では、動詞の意味合いをとても多く含んでいます。

名前は「書くもの」というより「生きもの」。
「名づける」というか「はじまる」もの。
動き出し、「つながり」「ひろがり」を生むべきもの。
その先のコミュニケーションや未来をデザインしている感覚。
社会にデザインしていく意識。
そう。それが本書のタイトルでもある「なまえデザイン」です。

今、経営者が別の言葉で名づけたがっているのはなぜか。

経営者の方とお話ししていると「言い換えたい悩み」を多くの方が抱えています。同じ産業、同じカテゴリー、同じサービスに見えてほしくないからです。「運送業」ではなくて、何と呼べばいい？「宅配」ではなくて、何と呼べばいい？「ドライバー」ではなくて、何と呼べばいい？「リユース業」ではなくて、なんだろう。「買取」ではなくて、「査定」ではなくて、なんだろう。考えは尽きません。

他社とは違う言葉で価値規定をしたい。同じ名を安易に使ってしまうと埋もれてしまう。それは「事業定義」そのものであったり、「ブランドの差別化」や「ブランドのビジョン」に直結するでしょう。あるいは「ブランドネーミング」「サービスネーミング」に結実する。まさに宅配の世界で「宅急便」が生まれたように。企業の価値を言語化することや企業のコトやモノに名づける行為は、経営やビジネスと密接に関わる重要なことなのです。

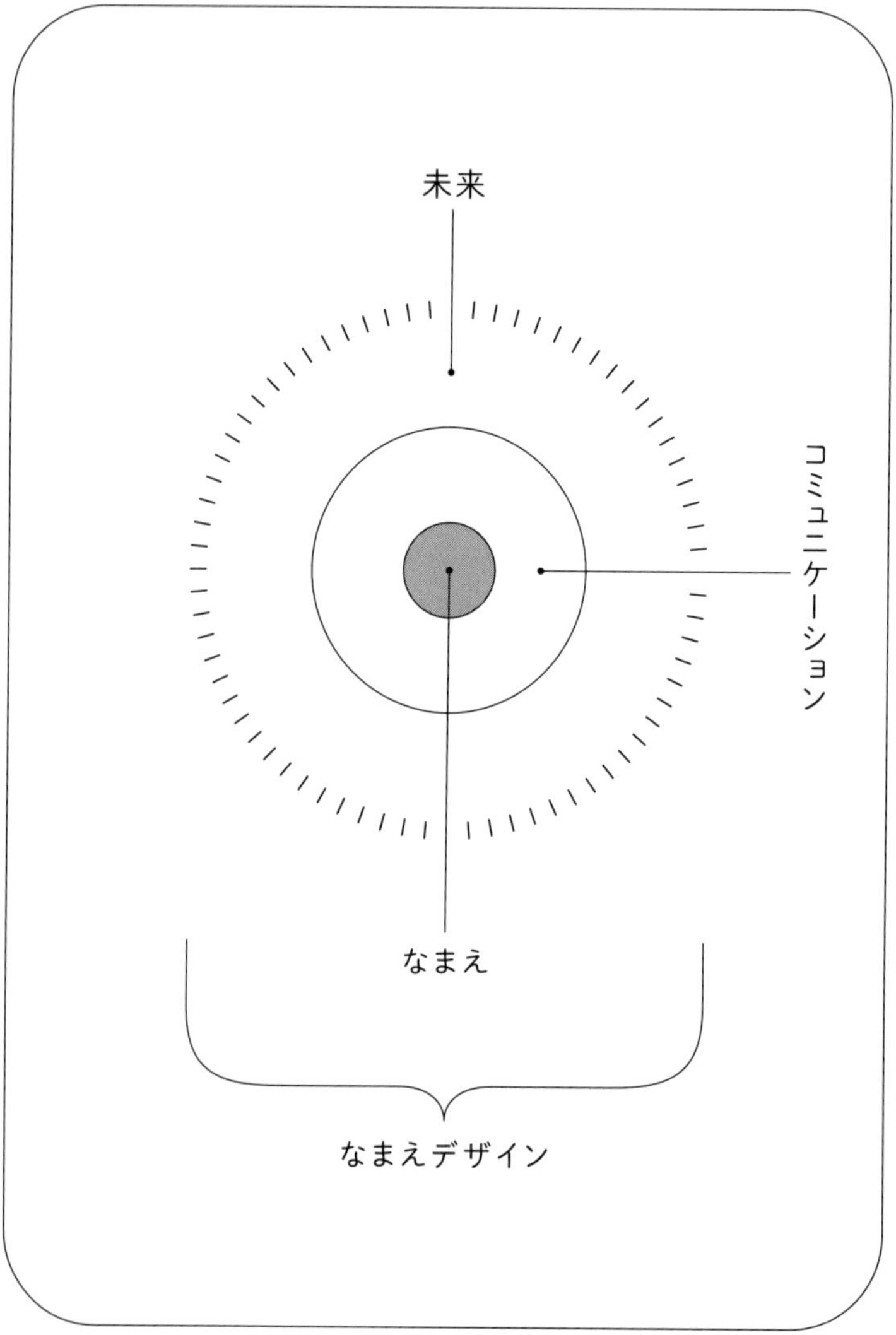
未来
コミュニケーション
なまえ
なまえデザイン

実はネーミングが、「もっと伝えたい」「もっと売りたい」「もっと目立ちたい」を解決する。

この本で取り上げる「なまえ」とは、名詞を超えて「何かの事象や対象を、人がそう呼ぶ・名づける」という「呼び名全て」。私自身がそれら全てを、社会におけるデザインとして大きく捉えているからです。そして「なまえデザイン」とは、「なまえ」からはじまるコミュニケーションやひろがる未来をデザインすることを指します。

「独自の価値あるサービス名」「他社と一線を画す事業名」「思想を形にしたブランド名」「注目してほしいコンセプト名」「売り出したい技術名」「浸透させたい理念」「巻き込みたい新規事業開発のプロジェクト名」「モチベーションを生む職業名」「一瞬で惹きつけるプレゼン資料のタイトル名」「目標に向かって組織を鼓舞する作戦名」「社員が愛せる会社名」など。

実は「なまえ」が、ビジネスをブレークスルーする。

今、「なまえデザイン」が求められているのです。


18年も一つの同じ職業をしています。

本書では「なまえ」を考える面白さをお伝えすると同時に、絶対味方にしてほしい。

「もっと伝えたい」「もっと売りたい」「もっと目立ちたい」

「もっと興味を持ってもらいたい」「もっと巻き込みたい」

「もっと好きになってもらいたい」「もっとモチベーションをあげたい」

といったビジネスシーンの多くの課題に対し、実は「なまえ」が解決へ導いたり、「なまえ」一つで未来が大きく変わることを経験上知っているからです。私個人の経験だけではなく、社会を見渡しても気づかされます。

具体的に本書で取り上げる事例を一つ挙げると「人事部という部署名を変えたら、社員の意識が変わり、モチベーションと行動が変わった」会社の事例。ディズニーランドは「アルバイト」という概念はなく「キャスト」と名づけました。「なまえ」一つにブランドの思想やカルチャーがあり、差別化に成功しています。

この本は、本屋の同じ棚に並んでいるかもしれない「ネーミングスキルを伝える趣旨の本」ではありません。

理由は大きく2つ。「なまえは育てるもの」という考えを私は持っていること。ネーミングは0から1を生む作業。ある種のクリエイション。しかし書いて終わりではなく、むしろそれははじまりです。どう育てていくか、どう大きく広がっていくかを描けるかの方が大切。育てにくいものなら、選ぶべき名はないのです。

0から1。だけでなく、1の後の広がりこそを考える。「なまえ」とは、その先に必ずあるコミュニケーションやブランドや未来をデザインしていくことに他ならない。それが「なまえデザイン」の考えです。

もう一つは、右脳と左脳をいったりきたり、くっつけたりして「なまえ」を生んでいるため、「売れるネーミングの作り方は3つ」なんてビジネス書風に書いても、嘘つきというか軽薄というか。「なまえ」には色々な側面があるからこそ不思議で、面白い。数学のように方程式で生むものではなく、想いから発想したり、コミュニケーションや未来の広がりを想像して、たのしく生むもの。だからこそ共感されたり、巻き込める「なまえデザイン」が出来るのです。

18年間の仕事の中で学んだこと。大切に考えていること。リアルな経験と具体的な事例に基づき、お話しします。

「なまえ」をつけたことでどれだけ売れているかや、変えたことによりどれほど売り上げが変わったかなどの詳細な数字も出てきます。どう生んだかはもちろん。その「なまえ」がどうして生まれたか。生み出す手前で、ブランドの価値をどう捉え、咀嚼し、考え、たどり着いたのか。そもそも今という時代に何が求められているのか。ヒットには何が大切なのか。

とはいえ、私もまだ学びの途中。経営者や建築家、デザイナーの方に「経営組織」「企業理念」「建築作品」「ロゴデザイン」と「なまえ」との関連性について伺いにいきました。私たちの身の回りに、ワークしている「なまえ」の力。より様々な角度から眺め、学びをシェアできたら幸いです。

「なまえ」が生まれる前と、できたあとの世界の景色は変わる。
この書籍を読んでいただくことで、素敵な「なまえ」が一つでも多く、未来にデザインされることを祈って。

それでは、「なまえデザイン」の話を始めます。

本書での言葉の使い方の整理

名前 ―――― 一般的に言う商品名やサービス名、企業名、ブランド名、店名、件名、人名などを指す。

「なまえ」 ―― 一般的に指される「名前」よりも広い、事や物などビジネスや社会における名づけの全て。

なまえデザイン ― 名づけることで未来を変えるもの全て。コミュニケーションや未来をデザインする。

名づける ―― 名前を与えることで、世界に輪郭を与えること。同義に「ネーミングする」。

ブランドネーミング ― 企業やサービスなどのブランド名を名づける行為。

文中に登場する事例において、著者が手がけたものを「K-NAME」、それ以外のものを「NAME」としてまとめています。

目次

CHAPTER 1

「なまえ」とは何者か。

名前は景色、歴史、意味、理由。

「なまえ」は育てるもの、と言いました。

例えば、甲子園。

甲子園と聞いて思い浮かべるものは、高校野球の大会名ということだけではないはずです。高校球児たちの汗であったり、球場のレンガや蔦。鳴り響くサイレンや涙でかき集められる土を想う人もいる。具体的にA高とB高との激闘のドラマであったり、監督のスピーチを頭に浮かべる人だっているでしょう。猛暑の中のかち割りを思い出す人もいる。そこを目指していた元球児であれば、また全然違うものをきっと想う。人それぞれにあるほど、名前はたくさんの景色を持っています。そう。時間の積み重ねが、育てていく。景色を増やしていく。

日本を代表するユニクロというブランド名も、1990年時と今では名前から想像するものがきっと大きく違うはずです。人間だってそうですよね。オギャーと生まれたばかりのときは名前しかないかわいい赤ちゃん。生きる活動と共に育ち、様々なタグが名前についていく。つまり今この瞬間に語られるべきものというよりも、歴史そのものが名前の本質と言えます。

ちなみに甲子園という名。完成した大正13年は、古来中国における十干・十二支の最初の組み合わせに当たる「甲子《きのえね》」という60年に一度の縁起の大変良い年だったからだそう。名前には意味があり、理由があるのです。

縁起は担ぐ。神様は仰ぐ。時もある。

「最後は社長が占い師と決めます……」

あるクライアントさんへのプレゼン後の話です。もう衝撃でした。パワーワードすぎます。笑い話のようですが、実話。社名もブランド名も全て濁点がつくなど、細かいルールがいくつもあったそうなんです（最初に言ってほしかった……）。縁起を担ぐ。ここは日本ですから、不思議とどこかわかる話でもありますね。

例えば、子どもの名前。それぞれの家庭に、それぞれの正解があります。男の子には「郎」をつけるとか「漢字一文字」「画数は何画」と代々ルールが決まっている家もあります。神社に名前をつけてもらう家だってある。

他の方には理解ができないところもあるかもしれないけれど、気持ちが全くわからなくもないでしょう。意味や理由を求める場所が、会社や人それぞれにあるのです。

地域を名前につけるだけで、特別になる不思議。ブランドになる。

私たちが住む街に目を向けてみます。場面はスーパーです。

大間のマグロ。水戸納豆。博多明太子。

どうして地名が入っただけで惹かれることがあるのでしょう。もちろん地道に活動を積み上げていった結果、おいしさを含めて名前が育ち、多くの人が認知し一目置かれるブランドとなった究極の理想系とも言える。

しかし例えば山梨方面に観光で訪れたとして「八ヶ岳牛乳」「清里高原牛乳」と目にすれば、なんだか特別なものと思ってしまうことはありませんか。八ヶ岳がどの山なのか、清里高原がどこのエリアなのか、行ったこともなければ、詳しく知らなくてもです。旅先では特にそのような経験があると思います。ローカルのものは、そこでしか手に入らないような感覚も手伝い、お土産を買う際に選んでしまったことは誰しもあると思います。

スーパーには、牛乳だけで何種類もあります。今この瞬間もどれかが何かしらの理由で選ばれている。細かい価格の違いもありますが、味の違いを完璧に答えられるかと言われれば自信がない。妻から買い物を頼まれて、選ぶのに意外と悩んでしまった経験が私にはあります。そんな時「十勝」と言われれば、美味しそうなイメージがある。牛乳を製造する企業名だって安心する材料になるでしょう。

牛乳に限らず、売り場のあらゆるところで地方名対決みたいなことになっているかもしれません。水コーナーでは堂々と「南アルプスの天然水」が鎮座しているように。昨日「かご

さば	→	関サバ
明太子	→	博多明太子
牛乳	→	八ヶ岳牛乳

しま黒豚」「清沢産とろろ」「九条葱」を選んでしまったように。

名前とは、一文字のコピー。

シンプルな手法ですが、情報やイメージが蓄積していくと強い力を発揮します。なぜなら、地名は真似できない唯一無二のものだから。その場所と無関係なら、ただの嘘としてバレてしまいます。

それに比べて「おいしい」を感じさせるコピーや表現の違いは大変。おいしいに代わる言葉探し大会。似たり寄ったりの厳しい戦いになることも多いでしょう。そんな時に「おいしい」を存分に感じさせることが場所の名一つで出来たなら。それがオリジナルの価値を持った固有名詞なら。

当たり前のように聞こえますが、これはなかなかすごいことだと思うのです。「関サバ」なんてたった漢字一文字が差別化させるコピーのようになっている訳ですから。

おいしいだけではない。土地の名前を聞いただけで、知的文化度の高いエリアだと感じたり。魅力ある観光地を想像したり、特徴的な産業をイメージしたり。先人たちと歴史が名前に力を与え、特別にしたのです。

街に歯医者が一つしかないなら、名前は歯医者でいい。

次は、街の歯医者さんに目を向けてみましょう。

先日、事務所での仕事中、急に歯が痛くなりました。どこの歯医者さんに行こうか悩んだのですが、想像以上にたくさんあることに驚きました。
街に歯医者さんが一つしかなかった時代は確実にあったはずです。そうであれば名前は一択。「小薬歯科」でいい。歯を治療するということが、最大のオリジナルの価値だからです。けれどどうでしょう。今は当然たくさんあります。そしてそれぞれに何かを訴求していることに気づかされます。

Aという歯医者は、親子3代にわたり、地域を支えていることを訴えている。
Bは、有名大学病院出身という経歴を主張している。
Cは、インプラント専門であることを語っている。
Dは、矯正の実績数をうたっている。
Eは、新しい矯正の手法をアピールしている。

言葉は、価値と差別化を定義する。

これはなぜでしょう。

それは歯医者において、歯を治す行為が当たり前の価値になってしまったからにほかならない。だからこそ他院にはない強みを打ち出そうとしている訳です。

ビジネスは、言い換えれば「選ばれる」ということ。お使いの携帯電話も、いつかの住宅ローンも。今日のお昼ご飯の場所だって、そこに行くまでの交通手段だって。いくつかの選択肢から選ばれている。先ほどのスーパーにおける水、豚肉、とろろ。一種しか仕入れないスーパーは少ないでしょう。自社の物を数あるライバルの中から選んでほしい。だからこそ名前がとても大切になってしまったのです。「水」「豚肉」「とろろ」では全く区別出来ず、簡単に埋もれてしまうからです。違いとして伝えたい「おいしい」は形容詞。その形容詞的要素を含んだ名前が今度は必要となる。「おいしい牛乳」のように。名詞では足らず、固有名詞こそが必要な時代なのです。

ビジネスでは望む望まないに関係なく、「価値」と「差別化」ということに直面する。そのとき言葉や名前は重要な役割を持つ。なぜならそれは、定義する力があるからです。

家から一番近い、という歯医者の選ばれ方も当然あるでしょう。しかしみなさんが、もし先ほどのA～Eに続いて、「F」として同じ街で歯医者を開業するとしたらどうしますか。名前と同時に強みやコンセプトを考えるのではないでしょうか。高級路線でいくのか、予約が圧倒的に取りやすいシステムを売りにするのか、などなど。

ビジネスにおける価値とは掛け算。

例えば、「子ども専門」はどうでしょう。強い競合が街にないと判断したからです。「歯を治す×子ども専門」なら、子どもを持つ親の想起に一歩有利。そのとき名前は、「小薬歯科」でも全然いいはず。しかし売りにしたいと思っている「子ども専門」はそれだけでは伝わらない。もちろん実績を積み、あの歯医者さんは子どもに優しいというイメージが口コミされ、自然と街でブランドが積み上がっていくのが一番。
でも初速のスピードを考えると、ロゴやデザイン、病院の建物や院内の世界観を優しいトーンにしたり、看板などで子どもを想起させるイメージを補うのではないでしょうか。ゾウさんのお医者さんのマークをあしらって小薬歯科とするように。コンセプトと名前を一緒にする場合もあるかもしれません。「子ども専門」として「スマイルキッズデンタル」という名の歯医者が街に誕生するのはそういう訳です。

名前は「どこで育てるのか」も大事。どんな店頭なのか、どんな名前の競合が横にいるのかを考える。
歯医者を開業するのであれば、街にどんな歯医者がいくつあるのか、どこにあるのかをリサーチする必要がある。売りとする提供価値が被ってしまうことで、埋もれて日が当たらない可能性だって十分出てくるからです。

名前というのは表札でもあり、同時にそれは扉と言える。書いて終わり・掲げて終わりではなく、ビジネスであればたくさんの中から選ばれなくてはいけない宿命がある。自分がお

歯医者（小薬歯科）

↓

子ども専門×歯医者

（スマイルキッズデンタル）

客さんという立場だったら、それはノックしたくなる名前ですか。そんな佇まいを名前は持っていますか。素通りされるとビジネスでは困りますよね。その前提で名前を考えなければいけないのです。

広告やコピーであれば、シーズンやターゲットごとにメッセージを変えられる。うまくいかなければ、改善するアイデアを練ることができる。「来月から戦略を180度変えましょう」なんてこともあるかもしれない。

しかし、名前は難しい。たった一つしかないもの。一度決めたらなかなか変えられないもの。それが名前の避けられない絶対的真実です。歯医者の名前がコロコロ変わっていたら、信用も何もないですから。

商品だけでなく、商品が持つあらゆる点をネーミングしてブランド化。

牛乳や歯医者さんだけじゃない。家の中に必ずある洗剤、柔軟剤、シャンプー、加湿器、テレビ他。その誕生がすごかった時代ではもうとっくにない。どれだけ除菌できるか、どれだけ白くなるか、どれだけパワフルなのか、どんな艶になるか、どれだけ綺麗に映るかを頑張って名づけたり、差別化のポイントを言葉にしているはずです。

つまりブランド名は一つだけれども、ブランドの周りには、ブランドの価値を伝えたり、購買を促進するためのネーミングが実は色々置かれています。

電気とガスが
セットだとお得です
↓
A社 ●●割引
B社 △△プラン
N社 でガ割

独自の着目点、差別化したい新技術、生産される工場に「なまえ」をつける場合だってある。それは特別だと感じてもらうため。選ぶ基準を新しく生むことで、優位性を持ち選ばれるためです。「世界の亀山モデル」「プラズマクラスターはシャープだけ」なんて昔聞いたことがありますよね。「次亜塩素酸」のように元々あった言葉でも新鮮なテーマとして聞こえることも往々にある。つまりビジネスにおける「なまえ」とは商品名だけを指すわけではない。ブランド名だけを頑張ればいいのではなく、商品に振り向いてもらうための様々なポイントに名づけることで工夫できる。歯医者さんだって独自の歯磨きの仕方や、推奨する矯正方法を名づけることがユニークな評判となったり宣伝になる場合もあるでしょう。

ニチガス（日本瓦斯）さんが電力小売事業に参入する際、電気とガスのセットだと安くなるというプランが出ました。契約タレントさんともかけて、私は「でガ割」と名づけました。中身の大小や詳細の違いはあれど、同業他社さんに同等の割引セットプランが用意されていくのが現実です。

携帯キャリアだってなんだって、同じようなサービスを始める。どこかが最初に始めても、追随されてしまう。ビジネスの宿命です。その中でどう差別化していくのか。どうしたら振り向いてもらえるのか。どんな個性を持たせていくのか。サービスの中身を磨くことはもちろんですが、サービスに「なまえ」をつけることで違いを生む。特別に見せる。つまり、「なまえ」からブランド化させることがとても大切になってくるのです。

スチュワード・スチュワーデス
↓
CA
（キャビンアテンダント）

名前は、書くものというより生きもの。

チョベリバ（超ベリーBADの意味）。ナウい（今っぽいの意味）。ドンマイ（DON'T MIND・気にするなの意味）。ある状態に呼び名をつけ、すごく流行った言葉ですね。もうほとんど使われなくなってしまったから、若い人はご存じないかもしれない。窓際族なんて言葉を使っている会社はもうないでしょうし、カリスマ美容師なんて一世を風靡した言葉もあまり聞かない。ツイッター初期の頃は「飲み会なう」「天ぷらなう」のように今何をしているかを呟く時に「なう」をつけていましたが、今ではあまり見受けられなくなっているのではないでしょうか。人に使われなくなったということは、やがて死語になる。看護婦は看護師になった。スチュワーデス、そしてスチュワードは、現在はＣＡ（キャビンアテンダント）になった。名前は時代に合わせて進化します。

ただ名前は、ひとりの人間よりも長生きする可能性がある。これもまた真実です。名前には賞味期限がないのかもしれない。「ハイチュウ」や「ガリガリ君」なんて２００年後も生きていそうですから。しかし、ただ勝手に長く続く訳ではない。大切に育てている人間たちがいるからこそ、みんなが使うからこそ、名前も生きることができる。時代と呼吸しながら、サイズを変えながら。違う名前にアップデートされながら。名前はまさに生きものだと思うのです。

NAME 01

大間のマグロ

毎年テレビで話題になる、豊洲の初競り。本マグロ（クロマグロ）がいくらになって、どこが競り落としたなんて聞いたことがありますよね。これ「一番マグロ」と言うそうです。ちなみにクロマグロは「海のダイヤ」と称されている。私たちは物だけでなく、情報も食べています。津軽海峡と青森・大間の伝説の漁師たちが「大間のマグロ」という別格を育てた。「トロ」って名づけも秀逸だと思いませんか？すごい価値化のなまえデザインです。

CHAPTER 2

モチベーションをクリエイティブする。

意識が変われば、行動が変わる。未来が変わる。

言葉とは意味。名前とは世界。

実は名前一つで、人間の意識を変えることができる。


例えば、人事部という名。多くの会社にある部署名の一つですよね。歴史も長く絶対的に正しい名称なわけですが、あえてここでお話をしたいと思います。

人事部。総務部。営業部。本当は何をすべき部署なのか議論や深掘りをせずに、どこかで思考を停止していませんか。

社員の方にお聞きします。あなたの部署でやるべきことは明確ですか。

経営者の方にお聞きします。やってほしい仕事の内容は十分詰め込めていますか。


人事部という言葉をあえて使わず、「カルチャー&コミュニティー」という部署名にした

人事部

↓

カルチャー＆

コミュニティー

なんとなく間違っていないから

その名前にする（名前を置く）

↓

やりたいこと、やるべきことを

考え、名前にする（名前を掲げる）

意識
↓
行動
↓
未来

会社があります。「わたしたちは、何をするのか。すべき仕事はなんなのか」。社員たちでやるべきことの中身を語り合って決めた。結果、意識が明確になったと言います。会社における文化の構築やコミュニティーデザインという側面で、その目的を深めたり広めたりする施策を考え実践していく。以前よりも、仕事に対するやりがいが高まったそうです。視界がクリアになったのだと思います。

そうなんです。部署名一つでも、人の意識を変えることができる。意識が変われば、行動が変わる。つまり未来が変わる。これがまさに、なまえデザインです。

面接（判断する・される場）

↓

セッション

（価値観が合うかどうか
お互い判断する場）

「業務連絡」は、あまりにセンスないかも。

固定観念的にそういうものだと思って、よく考えずにつけていたり、なんとなくついている名が実はビジネスには多い。

例えば「業務連絡」。これは変える余地がありそう。仕事を業務と呼ぶセンスで本当にいいのかどうか。社員のやる気が上がるのかどうか。そんなタイトルのメールが忙しい時に届いたとして、読む気になるのかどうか。間違ってはいない呼び名ですが、ベターな答えがあるような気がしてなりません。

「社員」という言葉を使わず、
「パートナー」と呼んでいる会社があります。
「買収」という言葉を使わず、
「仲間づくり」と呼んでいる会社があります。
「面接」という言葉を使わず、
昨今生まれた「カジュアル面談」でもなく、
「セッション」と呼んでいる会社があります。

企業が掲げる「なまえ」一つで、企業が大切にしている考えがわかる。わかってしまうのです。言葉遣いであったり言葉のチョイスで、人のパーソナリティーを感じることがあるように。「なまえ」は、企業の考えや価値観を伝えられるメディアとも言えるのです。

長く使われているから、みんなが使っているから、正解なのではない。答えは一つなんかではない。自分たち独自の「なまえ」を掲げる自由や楽しさがあっていいはずなのです。

当たり前のビジネスワードをすぐに使うのではなく、掘り下げてみる。自分たちに一番フイットする、自分たちにとっての正解の「なまえ」が実はあるはずです。

企業・ブランドの思想・カルチャーが名前に表れる。

部署名だけでありません。肩書名も大きくモチベーションに関わる。

日本の多くの会社が「アルバイト募集」という言葉を使って求人広告をしていますが、ディズニーランドに「アルバイト」という言葉はありません。ちなみにアルバイトという名はドイツ語から生まれた外来語です。

ディズニーランドはアルバイトと呼ばず「キャスト」と名づけました。一人ひとりがディズニーという世界を構成している役者であるというプロフェッショナル意識の刺激。自分を表現する自由や個性を相手に促しています。雇用体系であったり、労働と対価という関係性だけで終わっていない。

ブランドの視座の高さを感じる素晴らしいなまえデザインです。その意識変革こそが、多彩な彩りをディズニーランドにもたらしている。「アルバイト」と「キャスト」。ディズニーランドにおいてビジネス的にどちらが成功だったかは、言わずもがなだと思います。

ネーミングのアップデートで価値を引き上げる。

保険の営業担当者の肩書には、いつからか「パートナー」や「プランナー」という言葉が使われるようになりました。保険を売る人ではなく、お客様の人生をトータルで設計・提案できる人へ。必然的に保険以外のことも勉強し、お客様に提案しなければいけなくなるでしょう。一人ひとりが不動産であったり、相続であったり、強みや資格を持とうとするでしょう。

アルバイト
（雇用体系の話）
↓
キャスト
（ブランドはあなたに何を望むか・どう在ってほしいか論）

つまりネーミング一つで、自らの（社員の）価値を上げることに成功しているのです。お客様の方も保険を含めた「将来を共に設計してくれる人」に任せたくなるでしょうし、何より安心できる。保険の「営業」のままでは、「保険を売る人」「売られる人」の関係で終わります。人生ですから、考えなくてはいけないことは多岐に渡ってきますし、長期の関係を意味します。ビジネスを劇的に進化させたのです。

私の古巣の広告会社も、営業局は「ビジネスデザイン局」になり

広告営業
↓
アカウントエグゼクティブ
↓
ビジネスプロデューサー

管理人・支配人
↓
？

駐車場交通整理員
↓
？

ました。営業職をＡＥ（アカウントエグゼクティブ）と以前は呼んでいましたが、「ビジネスプロデューサー」に肩書が変更になった。クライアントのアカウント担当という存在ではなく、もっと大きな視点でビジネスを拡大創出できる人になるという意思表明です。今までよりも大きなことを背負う責任と同時に、クライアントからより一層期待もされる人になるでしょう。

「管理人」「支配人」、このような肩書が見受けられますが、本当に仕事の業務はそれだけでしょうか。どこかもったいないような気がします。管理や支配という言葉は、今の時代の空気にあっているかどうかは今一度考えても良さそうです。上から下という構図が強すぎることは、違和感を抱かれる可能性がありますから。

そもそも、仕事にはもっと魅力的な側面があるはず。そのことを気づかせてあげることが大切だと考えます。働く人のモチベーションは、掲げる職業名や肩書名からだって引き出せるのです。

職業名・肩書名・部署名

＝

意識

＝

やりがい

＝　＝

モチベーション　差別化

プロフェッショナルを感じる職業名。

地方のショッピングモールに行った時のことです。巨大な駐車場で交通整理をされていた方が、みなさん揃いのユニフォームを着て、テンガロンハットをかぶっていた。ドライバーに目を留めてもらうためということもあるかもしれませんが、衣装は働くモチベーションに大きく関わります。警察官や消防士やプロ野球選手のように、子どもたちが憧れる理由にもなります。駐車場の整理員の方も見られている意識からか、すごく機敏でプロと思える動きをされていました。でも、ここで思うのは、果たして「駐車場交通整理員」という職業名でいいのかどうか。何も間違ってはいません。しかし、もっとやってみたくなる名がありそうだからです。働いている方のプライドをよりくすぐったり、求人にも大きく関わるはずです。

「コンシェルジュ」という言葉は、元来フランス語でアパートなどの管理をする人という意味。そこから意味が拡大されて今ではホテルなどで使われています。「ポーター」「レセプショニスト」「ハウスキーパー」、ホテルの中には様々な職業名がある。ホテルマン・ホテルウーマンも今では「ホテリエ」と呼ばれています。職業と職業名は切っても切り離せない。プロフェッショナルを感じさせたり、憧れを生むことだってできる。すごく大切なものなのです。

社員のモチベーションに悩む管理職や経営者は少なくないと思います。会社を辞めてしまうことにもつながってしまうからですね。面白い仕事を与えよう。給与を増やそう。部署を変えてみよう。部署をつくってあげよう。様々な方法があるでしょう。

しかし足元から今すぐ、モチベーションをクリエイティブする方法がある。実はそれが「なまえ」です。

部署名や肩書。名一つで、意義を足すことができる。やるべきことが明確になる。やりがいが生まれる。それは差別化になり、会社のカルチャーや個性・特徴になることができる。社員のモチベーションにつながり、会社のエッジにもなる。まさに一挙両得な凄技なのです。

モチベーションスイッチがアイデアを生む。形にする。

私のキャリアの中で大きなターニングポイントになった仕事の話をしたいと思います。それは2007年、モスバーガーとミスタードーナツの資本業務提携が行われたときのこと。

会社の命令・指示（受け身）

↓

なんか面白いプロジェクトに
いるかも・やりたいかも（自発）

レタスの共同輸送……

↓

ドーナツバーガー！

↓

リアル店舗！

↓

未来

モスとミスドは、東京のモスフードサービスと大阪のダスキンという会社の運営です。カルチャーも違う中、「はじめまして」で2社のご担当の方も会ったはず。当初の名は「Mプロジェクト」。モスバーガーとミスタードーナツの共同プロジェクトですから、頭文字をとったわけです。

当時、決まっていたことの一つはレタスの共同輸送でした。逆にいえば、そこまで中身が決まっていなかった。お互いに様子見したり遠慮している空気が会議室に漂っていました。そのプロジェクト名を変更することから仕事は始まったのですが、私が提案した名前は「MOSDO！（モスド！）」です。

MOSDO！の中にある、二つの「O（オー）」の文字。これがハンバーガーとドーナツの形だと気づいた時の興奮は、今でも覚えています。

「Mプロジェクト」と「MOSDO！」は、何が違ったのでしょう。

それは「ややこしいことに巻き込まれた…」という気持ちから、「なにか楽しそう！」「面白いことができるかも！」「したい！」というポジティブなスイッチです。Mプロジェクトでは会社の命令で止まっている。しかしMOSDO！は世の中への価値に変換されているのです。働くモチベーションを上げるために、ワクワクするというメンタルは必要不可欠。自分ごと化し、やりたいと自ら手を挙げられる社員は、とても大切です。前のめりな空気こそが、前進させるアイデアを生んでいくから。推進力、実行力に大きく関係します。

未来を変えるのは行動。意識こそが、行動を変えるのです。

実際、このＭＯＳＤＯ！というコラボレーション屋号の決定からチームの空気は一変しました。２社同時に出した「ドーナツバーガー」という話題性が高い企画や、ハンバーガーとドーナツが一緒に食べられる夢のようなＭＯＳＤＯ！というリアル店舗の実現につながってきました。15年以上経った２０２３年の現在も、このＭＯＳＤＯ！という屋号および活動は続いています。

K-NAME 01

MOSDO!

2社が組むというのは企業のニュース。カタカナのモスドではダメなんです。ハンバーガーとドーナツが絵として並んでいることに面白さや可愛げがある。愛されるというのはそういうこと。耳からの情報、目からの情報、どちらも大切です。ドーナツバーガーの時、ミスドさんがポテトを出すことになり「ポテド」と名づけました。トレイマットやクーポンなど、数えきれないほどコピーを書きました。モチベーションは波及するんですよね。

MOSDO!

MOS BURGER x mister Donut

MOSDO! / モスフードサービス・ダスキン共同展開事業

○CD：岡田文章○PL：石原篤○AD：原野賢太郎○C：小藥元

(2008)

NAME 02

キャスト

言葉は定義する力がある。けれど時が経つと、窮屈になることもあるかも。その点、キャストは古くならない。そこがすごい。誰でもいい訳ではない。誰でも出来る訳ではない。ある種の「絞り」をブランド側が設定しているのです。だからこそビジョンや価値観にマッチした人間が集まり、世界を今日も彩るのでしょう。あまりにディズニーランドの言葉になってしまい、簡単に使えなくなっているのもすごいことですよね。

THINKING 1

いつもクライアントさんにお話しする図があります。
ブランド側は強みやこだわりなど、自分たちの持つ価値を並べていきます。ただそれは他社さんにも言えることもあるし、勝手な目線もあったりする。常に私が考えていることは、「ブランドが持つ価値」と「生活者にとっての価値」。その二つが重なるところこそが本当の価値であり、訴えるべき価値なのではないかということ。持つものというよりも、重なるものという捉え方です。

生活者にとっての価値というものは、検索しても出てこない。答えは誰も教えてくれない。ターゲット調査・インサイト調査をされる企業もあるでしょうし、実際のユーザーの生の声を聞くことはとても大切です。

しかしまず、自らが同じ空間に立ち、ユーザーの行動を眺めること。ユーザーの気持ちや気分を、自分で想像・妄想することから始めたい。ユーザーにある気持ちや気分に添えるもの・期待を叶えるものこそが「価値がある」という判断からです。

価値と価値

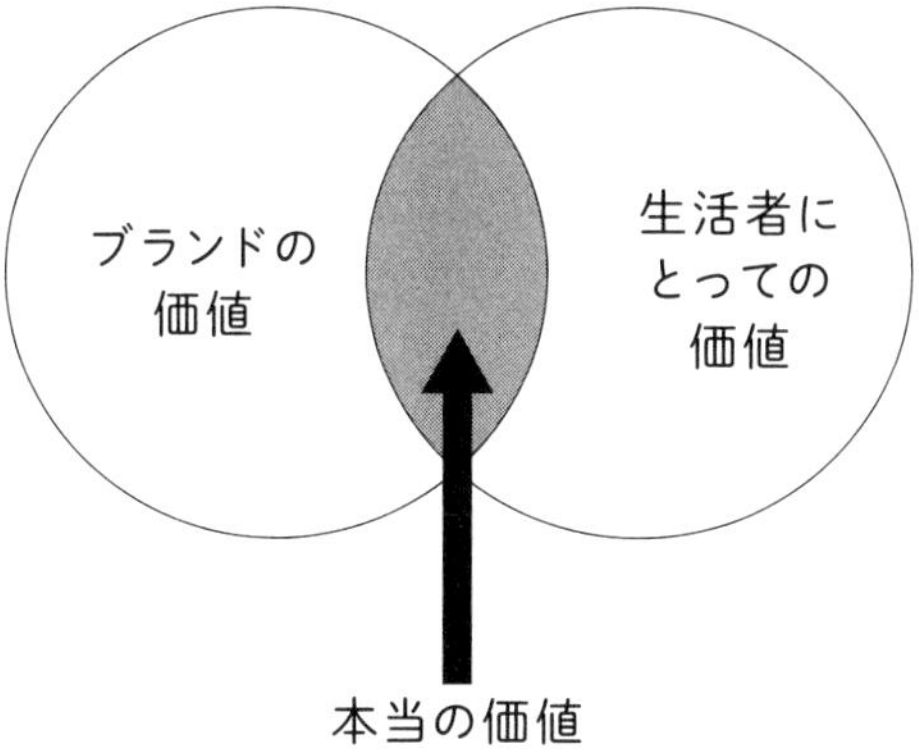

オリエンペーパーから先に考えるのではなく、人から考える。重なる場所を探す。

人の価値の先にこそ、オリエンペーパーに書かれた価値があるはず。

価値と価値が出会う。そしてその本当の価値を叶えるために、改善や進化できるポイントがまた見つかるのです。

コピーを書くときも、「なまえ」を考えるときも、常にこの重なりを頭に浮かべています。

CHAPTER 3

「伝える」から「巻き込む」へ。

ビジネスは、巻き込めないなら、ほぼ失敗。

会社のプロジェクトや施策で、いまいち社員や周りを巻き込めなかった経験はありませんか。世は、ＳＤＧｓ（ＳＤＧｓという名をつけた人もいるわけです）。今や国内80％を超える認知率だそうです。２０１５年の国連サミットで採択された、２０３０年までに持続可能でよりよい世界を目指す国際目標。17のゴール・１６９のターゲットから構成されています。

幼稚園の年長さんの私の次男ですら、その言葉を教わったそうで、先日「ご飯を残してはいけないよ！ＳＤＧｓ！」と言っていました。使い方があっているかはあれなのですが。

そんな時代の空気もあってか、友人が勤める中小企業で「月2回、水曜日の早朝、会社の周りをみんなで清掃しよう」…ということを、社長が役員会で言い出した。笑えませんが、なんだかあり得そうな話。役員から現場におりて、さあどうしましょう。

いいことだとわかっているけれど大変。いきなりリーダーに指名された方も大変。仕事でもバタバタなのに、よりによってバタバタしている朝？ なぜ月2回？ 社員の方から文句がどんどん溢れるのが目に浮かびます。

伝えるじゃダメ。伝わるだけでも足らない。

ある日、宣言されたのが「水曜クリーンデー」というプロジェクト名。意味はわかります。水曜日に清掃するということはわかる。間違ってはいない。しかし情報を伝えているだけ。伝えているつもりなのですが、これでは残念なことに伝わらないというか、響かない。

大事なことは伝わることでもなく、動かすということ。巻き込むということ。水曜クリーンデーでは社員を巻き込めないでしょう。なぜなら、参加する意義やメリットが提示されていないから。巻き込めないということは、参加率に直結し、つづく施策・浸透するプロジェクトにならない。不満が溜まり、業務への支障も起きる。些細なことと思いきや、会社に呆れて転職を考え始めるなんて悪循環も起きかねない。

「名前をつけて完成」ではなく、「名前とははじまり」。

私ならここで、チーム名をつける提案をします。会社の命令ではなく、掃除をするチームに変えるのです。指示をこなすだけではネガティブな空気が生まれ、それはそのままムードにつながります。面倒くさい顔をする人もいるでしょうし、「今日はちょっと私用で」といったように一体感も生まれない。チーム名を持つことで何がしたいのか。それは参加するメリットを、チームという仕組みの中で生みたいのです。

チームであれば、ある種の「部活動」という捉え方ができます。部署や年代を超えた「つながり」が生まれるかもしれませんし、「所属意識」や「安心感」につながる可能性がある。みんなでウォーキングすることにもなるわけですから、悩んでいた運動不足を少し解消する

会社の命令（受け身）

↓

掃除をするチーム（自発）

水曜クリーンデー（受け身）

↓

チーム名をみんなで考える

（巻き込み）

「エクササイズ」代わりになるかもしれません。人それぞれにメリットがあれば、あればあるだけ巻き込めます。

役員の人も新人も、同じチーム員。チームですから「打ち上げ」もあるでしょう。清掃の後にみんなで珈琲を飲みにいく習慣も考えられる。モーニングの時間が、役員に気兼ねなく「近い距離で相談できる時間」になったりするかもしれません。

チームにはルールがあるでしょうから、月2回は見直していいはずです。また「助っ人」として仲間を募集することも言いやすくなったり。海の清掃に参加するなど、遠征という「イベント」だってあるかもしれません。「ユニフォーム」を製作すると、より一体感が出ることもあると思います。むしろユニフォームを見た地域の方から興味を持たれるかもしれませんし、会社を超えて仲間が広がる可能性だってあるでしょう。

名前は、「つけたら終わり」ではなく、むしろ「はじまり」だと考えます。「水曜クリーンデー」では、残念なことに水曜に掃除をすることだけしかわからない。共感も興味も湧かない。「以上、終了」です。何もそこからは生まれにくい。巻き込みづらい。巻き込めない名前は、期待する結果を伴わないわけですから、厳しいですがビジネス的には失敗。「はじまりになれる名前かどうか」「巻き込める名前かどうか」、名前には続きがあることを忘れてはいけません。面白いとかインパクトがどうとかの表現の前に、続きをデザインしているものこそがいい名前。その意識の初期設定が非常に大事だと感じます。

なまえを考える
→なまえからはじまる
→つながる
→ひろがる
＝なまえが育っていく
（浸透する）

はじまり、つながり、ひろがりを生もう。

お気づきの方もすでにいると思いますが、「水曜クリーンデー」について肝心のネーミング代案を私は出していません。それは、面白いチーム名をつけるのは、二の次と考えているからです。

むしろ最初から名前を決めて掲げるよりも、チーム名は手を挙げたみんなで考えた方がいいかもしれない。なぜなら連帯感を生むことができるから。まだ会社に馴染めていない新入社員たちに考えてもらうアイデアはどうでしょう。そうする機会を通し、彼ら彼女らのキャラクターが認識されるきっかけであったり、居場所を生む場合だってあるかもしれない。

「巻き込む」という捉え方は、ある種「上から目線」になってしまうこともある。その感覚は危険です。相手が参加したくなるように促す、自ら参加したくなるように仕掛けるということなのだと考えています。ユニフォームを背番号入りでつくるとしたら、7番で着たい人（つまり参加したい人）が現れるかもしれないと想像するように。営業企画のナナミさんも参加してくれないかな？と期待するように。相手が「気持ちよく巻き込まれる」ことを意識することがポイント。WBCを経た今だったら、16番や23番は取り合いになるでしょう。そんな盛りあがりの中で、「小薬」という会社名だとすれば「小薬JAPAN」のようなチーム名の案が笑いながら出てくると思う訳です。こうなると「社長もやりましょう」になってくるかもしれませんね。チームの監督＝社長な訳ですから。会社という場所は、集団。組織は、人を巻き込みたいことが非常に多い。つけて満足で終わってはいけません。

名前とは、はじまり。そして、ひろがり。昨今、多くの企業で新規事業開発を促しています。そのようなとき、掲げたプロジェクトネームやチーム名が、風向きを変えるきっかけに

お手伝い表
（メニューリスト）
↓
メザスタ銀行
（モチベーションの視覚化）

なるかもしれない。巻き込み、うねりを起こす可能性があるから。つけて終わりではなく、むしろみんなで育てていきたくなる名前にしましょう。マインドが行動に変わり、結果に自ずと反映されるはずです。

名づけるのは行為ではなく、モチベーションに。

レベル感はだいぶ変わりますが、私の息子たちがはまっているポケモンのアーケードゲーム「メザスタ」。「目指せ！スターポケモン」の略で、1回100円で遊べるゲームセンターなどにあるアミューズメントマシンです。自らタグと呼ばれるものをゲットしながら戦うのですが、説明が長くなるのでここまでにします。一回100円で済むわけもなく、次から次に欲しいタグや強いタグを目指して何百円も必要なんです。そこで彼らはお金を貯める必要が出てきました。ある程度貯めて、戦いにのぞむ。そこでお手伝いの出番ということなのですが、彼らのやる気を上げるために「お手伝い表」ではなく「メザスタ銀行」という「なまえ」に変更しました。お風呂掃除をしたら10円、宿題を親に急かされずにやったら10円という設定です。獲得した金額も記入することにしました。明確な目的・メリットの提示に加え、どんどん貯まる感覚が彼らには面白いらしく、飽きずに続いています。行為ではなく、モチベーションに「なまえ」をつける。「なまえ」一つで、意識や気の持ちようを大きく変えることができるのです。

「自分勝手＆自己満足」一方通行ネーミングはやめましょう。

大きなイベントを主催したい（勝手）
↓
今だからこそ、みんなで考えることをしたい（共感）

保育の世界にＩＣＴを導入しているユニファというベンチャー企業があります。ＣＩ開発・パーパス策定をご一緒した縁から、大きな主催イベント名をどうするかという相談を、ある日受けました。保育の先生や様々な有識者にも集まっていただく保育イベントです。

一つの提案として「日本保育サミット」「保育ＦＵＴＵＲＥカンファレンス」などのように、ライバル他社に先駆けて大きくうたう方向があります。大きく構えることで大きな組織に見えることは、企業にとって大事なこと。けれどこのとき、もっと大事なことは「参加したいと思える空気の大きさ」だと思いました。それが巻き込むことにつながるはずですから。

参加される方は、講演される著名な先生方や、子を持つタレントさん。しかしもっと参加してもらいたいのは現場の園長さんや先生方です。

提案したイベント名は「保育をどうしよう未来会議」でした。

保育をどうしたらいいのか。それぞれが、それぞれの持ち場で悩み考えている。コロナの時代、特にそうでしょう。垣根を超えてみんなで話しませんか。保育の答えが一つなはずがない。そのことを主語にしようとしました。ユニファのメッセージを「大きなイベントを主催したい」ではなく「みんなで考えることをしたい」に変換したのです。

「自分は関係ない」を
「自分も関係したい」に。

保育FUTURE
カンファレンス
（私は関係ないかも）
↓
保育を
どうしよう未来会議
（私も関係したいかも）

「保育FUTUREカンファレンス」にした場合、格好はいい。新しいことを主催している感が出ます。構えが大きいですから。しかし「そんな大きな舞台にわたしが参加しても意味がないだろうな」と勝手にハードルの高さを感じてしまう現場の方も多いのではないかと思う。偉い方の対談を、黙って座って聞くだけのイメージ。「他人事になる＝関係ないと思う」ということです。カンファレンスという言葉が、定義しすぎているとも言えるでしょう。

企業が催すイベントや、社内の大きなプロジェクト。気をつけなければいけないことは、ただ中身を伝えるだけであったり、自分勝手なことになっていないかということ。もしかすれば一方通行になっていることも。コミュニケーションとは双方向のアクション。一方通行は、ディスコミュニケーションです。

細かい話をすると、「保育をどうしよう未来会議」にするか、「保育の未来をどうしよう会議」にするかは最後まで悩んでいました。
未来の前に、今現在保育をどうしようかと悩んでいること。けれどその話し合いこそが未来を作ること。その考えから、前者のネーミングを選んだのです。

自分のペットの名前やゲームをする際の名前に、他者はあまり関係ない。自由です。ただビジネスにおいて誰かを巻き込みたい場合は、決して一方通行のネーミングではいけません。「自分は関係ない」と思われてしまう名前ではなく「自分も関係したい！」という名前にしなければいけないのです。

そそる・感じる・動かすがゴール。

料理家の平野レミさんは「アク」のことを「悪魔」と呼んでいます。それを聞くと、そのままにすることなく、もう絶対に取りたくなる。動詞を含ませた名詞になっているとでも言うのでしょうか。ただのアクで終わっていない。地味で大変な作業と思われるところに、少し可愛げであったり、料理の楽しさも出ていると感じます。

夏の日。私の住む街の話なのですが、電柱に貼られたチラシにこう書かれていました。

「夢いっぱい夜店市」

「夏祭り」だって十分にシズルがあっていい。けれどもう一歩深く考えた人がいる。賑わいにフォーカスし、さらにその有様を「夢いっぱい」という価値として表現しています。手作り感があって、夏感もあって、とても好感が持てた。何よりも子どもを連れていきたくなったのです。

まさにそう。「行きたくなる」。「なまえ」を通し、そんな気持ちに人を変えることに成功したのです。

ビジネスにつく多くのネーミングもきっと、人に伝えたり、人の気持ちを動かすことが目的のはず。大きな言葉や格好いい言葉をつけることが目的ではない。

会社の掃除習慣に一人でも多く参加してもらうために。
企業の主催イベントに一人でも多く参加してもらうために。
街のお祭りに一人でも多く来場してもらうために。

巻き込むためにどうするのか。多くの情報や事情の中から、振り向いてもらう必要があり、興味を持たれなければいけない。そんな時は「そそる・感じる・動かすなまえ」を考えましょう。そそるって何でしょうか。それは料理の湯気や香りみたいなもの。意味を頭で理解するだけでなく、食べる前から美味しそうと心が動かされるようなことです。

「心を動かし、人を動かすもの」

いい「なまえ」とは何かと問われたら、シンプルにこうなるでしょう。これができるならば、２００点。人を動かすというのは、結果的に目的の達成・ビジネスの成功を意味するはずですから。

NAME 03

夢いっぱい夜店市

子どもたちが大好きな屋台のゲームや食べ物。実際はいっぱい買ってもらえない中で、「いっぱい」を持ってきているところがいい。夢があるからです。惹かれる言葉になっている。お祭りと言えば、ある牧場の経営者に初詣で出す「牛肉の肉巻きおにぎり」の相談を会食中に受けました。私なら「もーむす」にするかもですね。と咄嗟に冗談で言ったんです。数年後。仕事の依頼と共に、数年黙って様々な催事で「いっぱい」その名を使っていた事実を告白されました。なんと…通常の1.3倍売れたそうです（笑）。

K-NAME 02

保育を どうしよう未来会議

言葉は、何を言うか。どう言うか。そして誰が言うか。

ユニファのパーパスの説明文に「使命感」という単語が出てきます。社員の皆さんが集まる場での発表だったのですが、土岐泰之社長は泣きながらこの言葉を発した。トップが本気だということが、言葉を軽くしないんです。2年間でシリーズ5回開催。延べ参加者数は3万3千人突破、平均満足度95%以上。保育業界における定番のイベント・研修に育っています。

距離を縮める。愛される。

CHAPTER 4

あだ名から学ぶことは、あまりに多い。

知り合いのデザイン会社に山田さんという女性のデザイナーがいました。下のお名前は「ゆい」さん。「ゆいゆい」とあだ名で呼ばれていました。

初対面のときはさすがに難しかったのですが、2回目にお会いしたときにはあだ名で呼んでしまいました。その瞬間、輪の中に入れた気がした。かわいらしい音の響きが彼女のキャラクターと相まっていました。

たくさんいるライバルの中で、覚えてもらうことは並大抵のことではない。いい仕事をして、いい評価や信頼を得て、いい評判を得なければいけない。多くの企業も、街のレストランや美容院だって、ビジネスはまさにそれです。

名前を覚えてもらうために。好感を持ってもらうために。

そんなビジネス的な狙いからあだ名は生まれないかもしれませんが、「山田さん」よりも

○○社のデザイナーの
山田さん　→　ゆいゆい

小口先輩　→　オグポン
杉山室長　→　ロべさん

「ゆいゆい」の方が圧倒的に人と人との距離を縮めていることに気付かされます。知り合って間もない「ビジネス上の人」から、急に「友だち」のような距離感になったのですから。数多いるデザイナーたちの中で、個性が立ち、認知させることにも成功していることに驚かされます。

先輩に小口《おぐち》達也さんというアートディレクターがいます。とても仲良くさせていただいているのですが、その先輩のあだ名は「オグポン」。上の方からも、後輩からも、みんなからそう呼ばれています。

後輩から先輩への呼び名は、やはり「～さん」が多いと思います。少し仲が良い場合は、下の名前で「さん」付けでしょうか。「こぐすりさん」と呼んでくれる人もいますが、「げんさん」と呼んでくれる後輩もいるように。どちらかというと下の名前で呼ばれる方がなぜか親近感が湧くので不思議です。

私と小口さんは、入社年次でいうと8つも離れている。大先輩です。そこを飛び越えてくれるのが「オグポン」という響きのマジック。小口さんより、たつやさんより、全然言いやすい。同時にそれは、距離を縮め、壁を低くしている。結果、仕事が頼みやすくなるということにもつながるのではないでしょうか。

ブランドとの距離が、生活者の興味と比例する。

みなさんのすぐ周りに幼い頃からある、いわゆる「あだ名」。これは立派な「なまえ」のお手本だと考えます。なぜなら、人と人の距離を縮め、親近感を湧かせることに成功しているから。それは「関係性を変える」とも言い換えられる。その素晴らしい例があだ名なのです。

新商品や新サービスを知ってもらいたい。広めたい。

そんなことに悩まれている企業やビジネスパーソンはいませんか。それは実は距離を縮めることと同じだと考えます。

ブランドと生活者との距離を縮めたい。プロジェクトと社員との距離を縮めたい。

まだ距離や関係性が遠いから、視野に入らなかったり興味を持ってもらえない。

自分とは関係がないと思う。だから人は行動に移さない。

逆から言えば、対象との距離・相手との距離を縮めることができれば、その願いは達成できるわけです。

あだ名って「愛称」と呼ばれる。これはすごいヒントです。愛されれば、距離はグッと近くなるということ。愛着ということが、距離感においてとても大切だということがわかります。

友人の杉山さんが勤める会社では、役職や本名で人を呼ばないカルチャーがあります。杉山さんは、社長室長という偉い方なのですが、「ロベさん」（髪型が『キャプテン翼』のロベルト本郷に似ていたことから…）。最初は「ロベルトさん」だったそうなのですが、呼びづらい！となり、略されたそうです。

「ジャズ」と呼ばれている人は、トロンボーンプレイヤーだったから。「セナ」と呼ばれている人もいて、大のF1好きだから。

人と人の距離を変える。関係性を変える。もっと言えば、愛のある関係性に変えてしまう。時には社長と呼ばせず、下の名前で呼んでもいいとしましょう。社内の空気さえ変えていくことが、「なまえ」一つでできるのですから。

どう略されるかを先回りしよう。

俳優さんや芸人さんでもお名前が4文字などに短く略され、多くの人からそう呼ばれて愛されている方がいますよね。名前そのものがいきなりあだ名のようなユーチューバーの方もいます。昨今のベンチャーの会社名やサービス名も最初から略されているかのような名が多い。

メタボリックシンドローム（内臓脂肪型肥満から引き起こされる症状のこと）は「メタボ」と略されたことが、広い認知につながった一因だと考えます。症状と音の世界観が不思議と近く、言いたくなりますから。

会社の制度名。私が勤めていた広告会社には、有給施策に「フリーバカンス制度」というのがあります。1年に2度、5日のお休みを取れるんです。土日を合わせたら1週間になる仕組み。これも「フリバカ」と略されたことがかなり大きかった。「有給とります」では積極的に言いづらい人もいるでしょう。それに比べてフリバカですからなぜか堂々と言いやすい。広い認知と高い使用率を生み、社員のセーフティーネットにもなっていたと感じます。

サブスクリプション（継続購入・定期購読）は、サブスクと略され浸透している。このように先回りして、どう「あだ名化」されるか想像することは、流通する名づけのポイント。ただ私の持論としては、自らするというより受け手側にそうしてもらう方がベターだと思ってい

メタボリックシンドローム

↓

メタボ

サブスクリプション

↓

サブスク

5日間の有給

↓

フリーバカンス制度

↓

フリバカ

ます。なぜならそれも一つの巻き込み力であり、参加性だからです。

名前を考えるというより、愛称をつける視点。

東京の上野に新しいパルコが作られる。44年ぶりに23区内に出店するという、パルコさんにとって大切なネーミングを提案した時の話をします。たくさん考え、プレゼンに向かう当日に事務所で資料をプリントアウトしているとき、急に一つの名前が浮かびました。

それが「パルコヤ」です。それまでに考えたすべての案を飛び越えて、これしかないという確信に近い感覚がありました。

この時のオリエンでは、渋谷などの若者向けのパルコではなく、上野という土地柄、美術館を巡るシニアの方に受けいれられたい。あんみつ屋さんやお蕎麦屋さんなどの老舗も入るという話でした。

普通に考えれば、「上野パルコ」というのが間違いない名前。しかしいつものパルコとは違うターゲットですし、新しい色を出したい想いがあり、別名を探すということでした。大人向けのパルコを打ち出す。大切な骨太のコンセプトです。

ネーミングを考えようとすると、意味で考えてしまい、パルコと大人を足して、例えば「PARCOTONA（パルコトナ）」という名前になったりします。コンセプトをそのまま名前にした一例です。

このようなとき注意しなければいけないのは、上手に何かを言えてしまった気になること。パルコトナは、読みづらい、言いづらい。違和感があるため、対象との距離が遠いまま。結果、愛称にまでたどり着かない。つまり愛してもらえないのです。極論に聞こえるかもしれませんが、名前自体がなかなか愛してもらえないのだとしたら、存在もそうなってしまうのではないか。立場上、名前を考えることが多い私はそのぐらい厳しめに捉えています。

また、コンセプトに重きを置くがあまり、「新しいパルコ」「今までとは違うパルコ」を伝えることをどこかに忘れてしまうのも注意すべきことです。

上野パルコ

（上野にできたパルコ）

↓

パルコヤ

（上野にできた大人向けのパルコ・
今までにない新しいパルコ）

言葉に余白をつくる。それが愛される場所になる。

「隙がない」ようにしない。

私が「なまえ」を考える際にとても大切にしていることに「言葉に余白があるのかどうか」があります。言い換えれば、遊べるかどうか。それこそがあだ名にも通ずる、愛される場所だと考えます。

「本日、上野の松坂屋の横にパルコヤがオープンしました！」。頭に浮かんだのは、そんなニュースリポーターの声。

プレゼンテーションにおいて、ロジックは不可欠です。「パルコヤ」の「ｙａ」というのは「yet another（さらにもう一つの）」の意味。そして、海苔の専門店が海苔屋であるように、大人というものをある種の専門性と捉えました。大人向けのパルコですから、大人の品格を持たせます。隅田川に上がる花火の「タマヤ〜」というみんなの掛け声の音から、お祭りや賑わい感も出るでしょう。近くにある大学とのコラボレーションなども想定されることから、小屋的な発展も受け止められます。

などなど、多くの意味を一つの名前の中に込めています。「こんな意味を込めたため、この名前としました」。これはプレスリリースなどでも書かれることですし、なぜなのかは、人がとても知りたいこと、興味があることです。

わかる・納得は左脳。
なんだか気になる・好きになるは右脳。

左脳＋右脳
＝
納得＋好き
理由＋愛着

左脳は、思考や論理。右脳は、知覚や感性。とよく言われます。意味というものは、人間が納得する上でとても大切であり、不可欠。意味というものがあるからこそ、人と人が理解して分かり合えることも多い。意味という理由がなければ、上司や社長に説明できないかもしれない。つまり、左脳の積み上げですね。

しかしパルコヤの場合。そこで終わらずに、意味を超えて、口や目を通して「なんだか言いたい」「なんだか可愛い」という感覚の方が強かった。実はこれがすごく大切だと考えています。そもそも言いたくなければ流通しない。上野パルコでも、パルコトナでも、きっと館の愛称は「パルコ」になってしまっていたでしょう。

なんだか可愛い。
なんだか変。
なんだか面白そう。
なんだか言いたい。

言葉を閉じないということ。理論だけで詰めきらないということ。この「なんだか」というのが、チャーミングな「なまえ」の秘密であり、人それぞれが遊べる場所になり愛される。愛着に進化する。左脳は丁寧に積み上げる。しかし最後は右脳にジャンプする。好きをつかさどるのは、意外と右脳なのです。難しいのですが、左と右を行き来することを忘れてはいけません。

コンセプトとコンセントを忘れずに。

ある日、会ってほしい社長がいると知人から言われました。

その方が作られていたのは、オフィスに置く木で出来たブース。コロナと生きる今、まさに必要とされそうな商材。「テレウッドブース」という名で既に販売されていました。「テレワーク＋WOOD＋ブース」ということの組み合わせから来ていたのでしょう。ただその最初の「テレ」が昨今流行りの「テレワーク」と説明されればわかりますが、初見ではなかなかわからない。いきなりブランド名の頭からつまづいている印象を受けました。

商品は面白いのに、名前やデザインがもったいない。残念ながら非常にこのパターンは多いのですが、リブランディングの相談に乗ってほしいとのことでした。

まず私が仕事ですることは、現物を見ること・現地に行くこと。実際の体験や感覚ほどたいせつなことはない。なぜならお客さんはその感覚で判断をされるわけですから。会社に伺い、実際にそのブースを触らせていただき思ったことは「カラオケボックス」のようだという感覚でした。すぐにボックスという言葉が市場・競合他社で使われていないか調べました。

ただボックスというのはあくまで見た目の話。まだ価値ではない。特徴的・個性的に感じたことは、カラオケボックスのような空間が持つ「秘密の個室感」でした。オフィスワーク商材ですから、もちろん仕事用。コロナ禍の今、喫煙室のような、背もたれも垂直の透明ブースをどこかの会社で見たことある方もいるかと思いますが、あれです。誰と誰が打ち合わせをしているなど丸見えです。

しかしこの木のブースは、杉の香りもいいですし、何よりも居心地がいい。自分の個室感が出てしまい、つい寝てしまうかもしれないですし、漫画を読んでしまうかもしれない。その余白こそが価値であり、面白いと思ったのです。

実際、オフィスワーク市場を最初は狙うけれども、例えば小学校や市町村にも導入する可能性、また部屋までは自宅で持てないお父さんの仕事ブース的な売り方だって近い将来想定できるとの話でした。

考えた名は、「WOOBO」(ウーボ)。「WOOD＋BOX」の造語です。ウッドボックスでは意味はあっているのですが、意味がそのままますぎて面白くない。これはよく社会で見受けられる現象なのですが、ある種左脳で止まってしまっている名前。それではなかなか、愛着まで持っていけない。残念なことに愛されないブランドになってしまう可能性が高いのです。

私が常に持っているのは「コンセプトとコンセント」というフローです。先ほどの話で言

木でできた
オフィスワークブース
（テレウッドブース）
↓
木でできた
不思議で面白い空間
（WOOBO）

えば、コンセプトは左脳。そこからコンセントしていく作業を持つことで右脳に入っていく。コンセントは、つなぐという意味合い。言葉をつないで、電気が光ればOKです。

「オフィスワークブース」と「木」をコンセントする。
「秘密の箱」をコンセントする。
「届けたいターゲット」とコンセントする。
「売り場」とコンセントする。
などなど、名前の原型といくつものことをつないで確認していきます。

時代を象徴するような新しい商材であると同時に、はじめて見る方も多い。私が出したいと思っていたのは、不思議な物体の登場感でした。まるでUFOのようにこの星に降りてきた、という裏物語。

ウッドボックスではなく「ウーボ」なのは、生きもののような、飛行船のような語感を持たせたかったからに他なりません。不思議な名の響きはそこからきています。欲しい語感・音が最後にコンセントしたい先にあった訳です。左脳で終わらない、右脳的な作業。結果、ブランドの個性を獲得することができたと思っています。

「仕事はかどる、秘密もできる、オフィスの木箱。」というブランドタグラインを規定しました。タグラインとは、商品名の上などにつく、価値を規定する一文のこと。コンセプトをそのままで終わらせず、コンセントする意識。届けたい相手をつないでみて、頭の中で名前が光ってくれるのかどうか。ブランドの上にどんなコピーを載せるといいのかということもコンセントする意識でやっています。

リブランディング後の売り上げは、「テレウッドブース」時代の約10倍。今では多くの企業や学校、地方自治体に導入されています。

頭で考える。実は、口で選ぶ。

名古屋にある小幡緑地のPark－PFI制度の仕事の話をしましょう。

Park－PFIとは、民間の力を入れて県営都市公園を活性化できないかという事業。話を伺えば、大きな緑地の一角にキャンプ場をつくり、レストランも併設するとのこと。自然豊かな場所でキャンプができるのはとても魅力的ですし、バーベキューサイトも中につくるということでした。

有名店を誘致するわけではなく、まさに0から1を生む。今まで小幡緑地に足を運んでいた人にも愛してもらいたいですし、今まではないものが緑地に出来上がるわけですから、足が遠かった人にこそ興味を持ってもらわないといけない。クライアントのオーダーとしては「〇〇のレストラン」とか「〇〇のキャンプ場」とは言いたくないということでした。つまりエリア全体とレストランとキャンプ場、名前が3つ必要……ということがわかったときは汗をかきましたが…。

建築プランを見たとき特徴的に映ったのは、様々な形をしたキャンプ場のキャビンとレストランの屋根でした。そこで浮かんだのが「ヤネル」というネーミング。

ただ一つ問題点が。屋根で全体をくくれてはいるのですが、ここが小幡緑地だということがわからない。緑地にできるということが一つの大きなニュース。家が遠い方や行ったことがない人であるなら、なおさらどこの場所なのかわかる必要があります。なぜならどこに出来たかをまた説明する必要が出てくるからです。「小幡緑地にできた○○」というリリースや会話を想定しながらも、それがなくても名前単体で場所の想起や興味が湧くことの方がベターだと感じたのです。

「食べたり、しゃべったり、寝そべったり、薪をくべたり。」コピーを原稿用紙に書きました。そこから生まれたのが「オバッタベッタ」という全体の名前です。晴れたり、曇ったり、雨が降ったり、星が見えたり見えなかったり。自然の移ろいのようなもの。とても気持ちのいい場所ですから、気持ちが飛んだり跳ねたりすることを名前に込めています。

先ほどの「ヤネル」は、キャンプ場の名にしました。特徴であるキャビンの屋根の窓から星を見ながら寝る景色が頭の中にありましたから。

レストランは「マメボシ」という名前に。貴重な「マメナシ」の花があたりに群生していることを現地視察で知り、その可愛らしい音がとても気になっていたのです。このように現場にはヒントが落ちています。星つきレストランのようなおいしさや願いを加えてマメボシと表現しました。キャンプで見える星ともつながることを意識して。

わかりすぎるのは、まったく面白くない。

ただこう説明すれば説明がつきますが、特に「オバッタベッタ」に関しては、初見ではなんだか不思議な音の響き、感覚を覚えるのではないでしょうか。

「ん?何があるの?」「何ができたの?」なんだか気になる。

そこです。まず気になってもらうことが大事。全てを説明しきるのではなく、興味のフックを生むことが大切だと思うのです。全てを伝えすぎることで、スルーされてしまうことが往々にある。なぜならキャンプ場もレストランも緑地だって、世界に一つのものではないから。わかりすぎてしまう名前は、理解はされても面白くないのです。

欠かしてはいけないポイントは、言いたくなるということ。そして同時に、納得が大切。「小幡緑地に出来たもの」と聞いたり理解して「ああ、なるほどね」「だからそういう名前か」とちゃんとうなずけるかどうか。わかったときにある種の気持ち良さが生まれる。納得は後からやってくるのがちょうどいい。それが私の持論です。

難しい音は、口の端に乗らない。呼んでもらえないネーミングが出来上がる。

意味は頭で理解するのですが、人間の愛を増幅させるのは口だと考えます。右脳というか

小幡緑地に新しくできた
施設エリア
→　オバッタベッタ
（キャンプ場+レストラン）

キャンプ場　→　ヤネル

レストラン　→　マメボシ

口なのです。あだ名は得てして、意味を超えて、言いたくなる音を持っています。またあだ名が距離を縮めるというのも、何度も口にする度に人と人は近くなっている気がする。そもそも流通するためには、口の端に乗せないといけません。「今度の日曜、新しくできたオバッタベッタ行かない？」という会話がスムーズに成立するように。

書籍を文字で読むのは難しい人が、オーディオブックだとすんなり読めたり、頭に入ることがあると言います。人間には認知特性がそれぞれにある。文字や文章を映像として理解する人もいれば、音として認知する人もいる。

そもそも世界に文字が生まれる以前は、口伝だった訳です。口から口で意思疎通を取っていた。それほど音というものは、人間にとって根源的で大切なのかもしれない。

なんだか言いたくなる。言いたくないなら、距離が遠い名前になってしまうということ。距離を縮め愛されるためには、左脳と右脳の行ったりきたりが大事。そして実は、最後は頭ではなく口で選んでいることをここに告白します。

CHAPTER 4　距離を縮める。愛される。

K-NAME 03

パルコヤ

浮かんだときは、これしかないと思える。どうして今まで浮かばなかったんだと思うんです。オープン日、テナントとして入っている老舗あんみつ屋さんに伺いました。祝！パルコヤオープン！と書かれたパンダの飴をいただきました。「パルコヤ」というのは、パルコさんやお客さんのものだとずっと思っていた。けれどそれは間違いでした。アルバイトの人の言葉でもあったんです。なまえは「みんなで担げる神輿」でもあるのです。

ちょっと上の、
おとなの、
パルコ。
上
野
PARCO_ya
11.4 sat OPEN
松坂屋上野店隣り
○営業時間 10:00～20:00　○6Fレストラン 11:00～23:00
http://www.parco.co.jp/parcoya-ueno/

パルコヤ／商業施設屋号／○AD：千原徹也○C：小藥元
（2018）

K-NAME 04

WOOBO

プレスリリース後、WOOBOはオーガニックに少しバズりました。コピーに書かれた「漫画」部分が人それぞれに違い「爆睡」などにカスタマイズされたんです。それもいわゆる余白なのかもしれません。「テレウッドブース」(以前のロゴは検索してみてください)からのリブランディング。物は変わっていないけれど、伝え方で未来は大きく変わる。売り上げは、約10倍。多くの法人、大学・地方自治体・施設に導入され、オフィス木質化ブームの注目商材になっています。

リモート会議、電話、時々、漫画。
WOOBO
仕事はかどる、秘密もできる、オフィスの木箱。
WOOBO
ウーボ

WOOBO/オフィスワークブースリブランディング
○CD+C:小藥元○AD:矢入幸一
(2021)

K-NAME 05

オバッタベッタ

言葉が転がる、というのは「口を転がせるか」ということでもあります。その名を発することが、なぜか気持ちいい。という感覚。新しい施設に、みんなが知っているコーヒーチェーンが入るのではなく、ゼロイチでいきなり3つも同時に誕生。正直少し不安でした。しかし今となってはそれぞれにやっぱり必要で、それぞれ愛されている。難波陽一社長のおっしゃる通りでした。なまえの不思議なところは、昔からそうだったような、今はもう「その名」としか思えないところです。

オバッタベッタ

ヤネル

マメボシ

オバッタベッタ/小幡緑地Park-PFI
○AD:菊地敦己○C:小藥元○設計:手塚建築研究所
(2021)

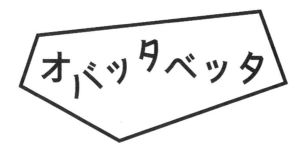

THINKING 2

伝わるかどうか。それはもちろん大切です。コミュニケーションですから。しかし「届ける」姿勢だけでは今の時代は足りないと考えています。

企業のものだけではなく、社員のもの、生活者のもの、みんなのものにしたい。そのために必要なのは、合言葉の意識です。具体的に言えば「この指とまれ！」というイメージ。

22年サッカーワールドカップでも日本代表の選手たちが「新しい景色」と言っていたのは記憶に新しいでしょう。

「この指とまれ！」になるためには、まずブランドの芯を捉えることが必要不可欠です。「ここだ」というコアを必ず見つけないといけない。コアとは、ブランドが持つ最大価値と言ってもいいでしょう。そこがずれると「そうだ！」にはなかなかならない。「本当かな？」「うちのことわかってないな…」になってしまうのです。

コピーは「この指とまれ！」と「こっちだ！」

今をまず理解する。何が課題かを理解する。ちゃんと理解をした上で、未来に進むべき方向を定めていく。

勢いも大事ですが、勢いだけでは置いてきぼりになってしまう人を生んでしまう。ですから、ほとんどのケースでブランドステートメントを書きます。ブランドネーミングだけ、ブランドスローガンだけという仕事は実は稀有です。

名前は大きな風呂敷です（詳細は、8章で）。意味の塊や想いの塊が、コピーという1行であったり、一つの名前になっている。ですから、名前やコピーに込められていたものを紐解くような、想いを紡ぐ文章がステートメントになります。

一人歩きしても誰かに伝わるように、みんなが立ち戻れるように。この指とまれ！に込めた熱を、共通で持つ意味合いもステートメントにはあります。

「この指止まれ！」は言い換えれば「こっちだ！」という号令にもなります。

私の名刺の肩書には、コピーライターと併記でクリエイティブディレクターと

THINKING 2

あります。

「ディレクション」とは、まさに方向性のこと。言葉で明確に定義し、言葉でブランドや企業の向かうべき方向を、クリアに定めていく仕事なのです。

22年にTikTokの広告で書いた「もっと世界を好きになる。」は、戦争をまた引き起こしてしまった不安溢れる世界の中で、TikTokに触れる例え一瞬でもポジティブな空気が吹く「世界をもっと好きになれたら」という願いを込めて書きました。ブランドの約束と同時に、矢印を言葉が発していると思います。

22年に「中小企業からニッポンを元気にプロジェクト」で書いた「変わろう。変えよう。挑戦で。」というコピーも、多くの中小企業たちの魂を束ねるような、柱のような大きな旗を生もうと思い、考えた言葉です。

矢印を持たない言葉や「なまえ」はただの飾りになってしまい、あまり意味がない。私は意味があるものを常に生もうと心がけています。

コピーは「この指とまれ！」と「こっちだ！」

柱を生む

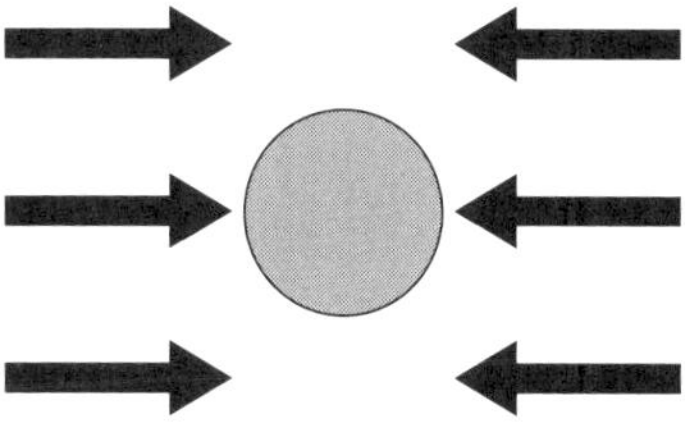

企業やブランドの膨大な情報や様々な価値を、
濃厚圧縮するのがコピー

北極星を生む

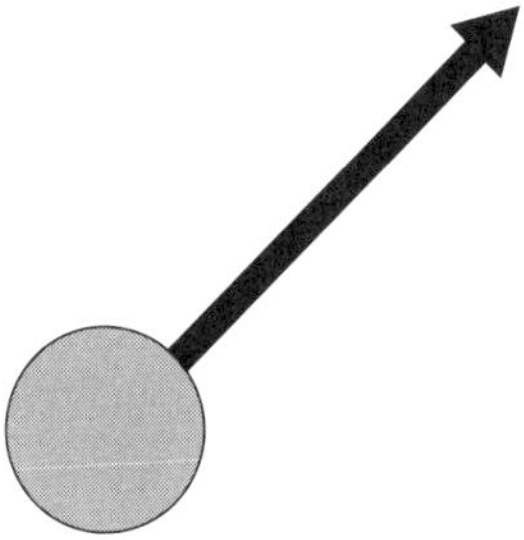

企業やブランドの目指すべき方向を提示し、
導くのがコピー

CHAPTER 5

IからWEへ。
自分の言葉ではなく、
みんなの言葉のSNS時代。

独自のネーミングが、世界を彩っている。

あるラーメン屋さんで「1・3・5」というメニューがあります。通常の醤油ラーメンよりも「麺硬く・油こく・しょっぱく」のこと。大好きな築地の魚屋さんでは、ご飯少し多めのことを「ややおも」と呼んでいます。そう言えてはじめてその店に仲間入りするみたいな言葉、ありますよね。競馬でも、お酒でも、釣りでも。みなさんの趣味の世界で、それぞれにそれぞれの言葉があるはず。きっとその世界の人はみんな知っているような言葉が、その世界を盛り上げているのです。

コピーライターのキャリアよりも長いほど、アメリカ古着が好きです。15歳の頃、雑誌の小さな地図を片手にひとりで仙台のビンテージショップを探し歩いたのも懐かしい思い出。SNSで誰でも簡単に無料で宣伝できる時代が来るなんて。どこにいても、24時間いつでも、遠くの店のものが買える日が来るなんて。

その中でも特に好きなのがジーンズ（デニム）です。

このデニムという、他の人から見れば狭い世界でも、独自の呼び名が溢れています。例えば、ものすごく濃いデニムのことを「マッコン」と呼ぶ。「マッコンコン」という人もいます。「コイコイ」とどこかで聞こえたら、それは「濃い濃い」色ということ。古着ですから、薄い色や破れた状態のものも当然ある訳です。

昨今では資産的な意味合いから「ブルーダイアモンド」と称されたりもしています。ベースが古着だからこそ捉え方に新鮮さがある。デニムをよく知らない人に対しても、実は価値があることを瞬間的にインプットさせられる名づけです。

60年代のデニムと一言で言っても、もう60年前のもの。新品のように濃い青の状態で残っていることはレア。未使用のまま現在まで残っているものはデッドストックと呼ばれ、「デッド」と略されます。ちなみにコンディションがとてもいいことをお店によっては「ミント」だったり「極上」と言いますし、「ギンギン」と呼ぶ店もあれば「バッキバキ」と呼んでいるお店もあります。ウエストやレングスなどのサイズがとてもいいものは「ゴールデンサイズ」と呼ばれているのですが、よく行くSTEP AHEADというビンテージショップでは「サイジー」と呼んでいる。体格（ガタイ）の良い人が着ても大丈夫な大きめサイズ

サイズがよくて　コンディションよくて
濃紺なジーンズ
↓
ギンギン　バッキバキ　ミント
極上　スペシャル　鬼レア
コイコイ　マッコンコン…

のことを「ガティー◎」なんて言ってインスタで表記していたり。はたから見るとちょっと笑えるを飛び越えて苦笑いでしょうか。

デニムをはくと、太腿あたりにシワが出来ます。人それぞれの線の跡が出来る訳ですが、「ヒゲ」とこの世界では呼びます。ものすごいヒゲだと「鬼ヒゲ」。価格・価値が高くなります。また足を曲げた時などにできる膝裏にできたシワは「ハチノス」。蜂の巣のようだと誰かが表現して名づけたんです。もう何がなんだかわからない。

別名。呼称。通称。

差別化し価値をつけるために「なまえ」をつけたという見方もできますが、純粋に世界をより楽しむために、人は言葉を生んでいるとも言える。仲間内でその言葉を共有し、楽しむ訳です。

言葉を新しくつくるか、言葉を置き直すことで新しく見せるか。

ジーンズの世界に近い言葉として、古着やビンテージが挙げられる。けれどどうしても趣味寄りの言葉に聞こえてしまうでしょう。世界が狭く感じてしまう。しかし呼び名を変えるだけで、イメージを変えることができます。

例えば「アーカイブ」(保存・保管の意味)という概念はどうでしょう。ただの古着ではなく、アーカイブすべき貴重な資料的意味合いで捉え直す。デザイナーへの尊敬と「名作」という視点で古着を見ようという提案です。生産と消費を繰り返し続けるブランドの世界において、とても大きな意味がある。今ではなかなか手に入らない訳ですから、価格も当然高い。そこ

古着

↓

ビンテージ

↓

アーカイブ

↓

ヘリテージ

古着・古物

↓

リサイクル

↓

アップサイクル

には全然違う景色とビジネスが広がっています。

ここ最近カルチャー系雑誌で「ヘリテージ」（遺産や継承の意味）という言葉が見受けられます。これも素晴らしい着目。ある種の偏りを持っていた嗜好性が強い言葉をフレッシュにするだけでなく、時代の価値観と共に、よりみんなの言葉に置き換えているからです。ビンテージという言葉が意味する多くは過去。ヘリテージには人間の意思や未来も加わります。感じる時間の幅が違う。親から受け継いだ時計や食器であったり、子どもたちや次世代に受け継ぎたい物は、多くの人にそれぞれありそうですから。

「アップサイクル」のように新しく作られる行動、呼び名も当然ある。同時に、元々あった単語や言葉を社会に置き直すことで新しく見える、聞こえる場合が大いにあるのです。

今日も人間は言葉と遊ぶ。言葉を生みだす。

まじ卍。ぴえん。さすい。ちょえ。

今日もどこかで言葉が生まれています。「てぇてぇ」とは尊いの意味。好きな推しキャラやアイドルに尊いと感じた時に使うそう。

ユーチューブ、インスタグラム、TikTok、LINE等。特別な人だけでなく、全ての人が発信できるメディアを持ちました。何かを食べておいしいとか、おいしくないとか。どこかにいって綺麗だとか、感動したとか。写真を撮り、感想をSNSで表現している。ハッシュタグ等、次々とオリジナルの言葉が今この瞬間に創作されている。私が社会人になった2005年にはそのほとんどがありませんでしたから、社会の進化のスピードに驚きます。

ただ、そもそも人はコミュニティーの中で言葉で遊ぶことをしてきたし、それを好むところがある。あだ名だって、その一つですよね。こうきたら、こう返す。こう盛る。まるでそこは共和国のように、仲間内でボールを回しあうことで、より一体感を生んでいく。

「おはよう」という挨拶一つとってみても、どこかの高校生たちの仲良しグループの間では「オッパー」かもしれないし「お8」かもしれない。やがて「おぱみ」に進化するかもしれない。担任の佐藤先生への愛から「モーニングさとう」が仲間内の合言葉ということだってあり得る。派生して「モーニングシュガー」にもなるかもしれません。他の人たちからは一見わからない合言葉。言葉遊び。言葉のパスの渡し合い、ボールの投げ合いが、コミュニケーションの面白さや素敵さでもあります。


「ストレス」は元々、圧力がかかって生まれる歪みといった物理学の言葉であったそうです。そこから生理学に広がり、現在の使われ方はご存知の通り。この名がまだ私たちの身の回りにはなかった時代がある。つまり「ストレスがない」世界があったのは事実ですから、人間がストレスを自ら生み出したとも言えます。

初詣、節分、雛祭り、七夕、お盆、一の酉、クリスマスツリー、お節などなど。継承されている大切な文化には、必ず素敵な名がついています。クリスマスの語源はラテン語で「クリストゥス・ミサ」の略。クリスト（キリスト）とmas（礼拝）。世界中の多くの方が、響きとして美しく感じる。

サウナー、映え、バズる、女子会、億り人、エアポートおじさん、婚活、爆買い、ガチ、レベチ、オンライン、メガ盛り、韓流、エグイ。

時代の新しい言葉を生み出すのは、雑誌などメディアの仕事だけではもはやない。人々は受信するだけではないのです。最初は冗談や遊びかもしれない。女子高生の間や一つのコミュニティーの中から新しい言葉遣いが生まれている。今この瞬間にスマホの中でハッシュタグ化され、シェアされ広がっている時代。国民総ライターであり、全ての人が言葉の表現者・発信者となったのです。食べたご飯をインスタにあげて「#まいう〜」のように独自の美味しさを表現する言葉を添えているかもしれない。以前はそれはテレビ局のタレントさん発だった訳ですが。

社会に浮かんでいる空気に、名前を持って輪郭をつける。それはマーケットやビジネスを生むこともある。今年の言葉・時代の言葉で終わらず、文化にまでなったらすごい。クリスマスという名や行為は、きっと地球がなくなるまであるでしょうから。

「甲斐キャノン」はずるい。みんなの言葉に進化させよ。

ソフトバンクの甲斐拓也捕手は、とにかく肩が強い。盗塁をなかなか許しません。ただ、他の捕手よりも肩が強い！盗塁阻止率何％！二塁まで何秒！（平均は何秒）と言われても専門的で言いづらい。そこに登場したのが「甲斐キャノン」という呼び名です。言いたくなる。見たくなる。「甲斐キャノン」はファンみんなの言葉、合言葉に。スポーツ新聞でも映えます。しかし実は2022年の盗塁阻止率はヤクルトの中村悠平捕手の方が高いそうです。

パ・リーグの中でも甲斐捕手はなんと2位。けれどずるいことに(笑)、この呼び名があるため「日本一の強肩捕手といえば」のイメージを手に入れているように思います。

ある報道番組のスポーツコーナーでは、プロ野球のファインプレーを「熱盛」(あつもり)と紹介しています。これはすごいなまえデザインです。放映されるのは、今日のファインプレー。もしかすれば中身は他と同じかもしれない。けれど、熱盛には「熱く盛り上げたプレー」という独自の視点を与え、固有の価値を持たせ、コンテンツ化に成功した。

結果、差別化となる。

ネーミングの本質がたった二文字の中に凝縮されています。そしてとても言いたくなる。視聴者だけでなく、選手たちの間でも愛されています。

はじめて熱盛デビューすると、「初盛」(はつもり)。そんな派生のさせ方や、メジャーリーグの時はナレーションの読み方にクセをつけるなど、言葉を発展させていけるのがいい。それは、みんながその遊びに参加できるからです。番組制作者でなくても、プロ野球ファンが新しく言葉を開発できるかもしれない。実際、超熱盛というプラカードを球場で見たことがあります。

肩が強い甲斐捕手
↓
甲斐キャノン

ファインプレー
↓
熱盛

発信→受信というただの一方向でないということ。みんなが使いたくなる言葉なのかどうか。使う側に回れるかどうか。参加できるのかどうか。今の時代を捉える上で、とても大事な視点だと考えます。

海外でもそうです。スーパースター・大谷翔平選手が打席に立つとプラカードが出たり、解説者も叫びます。「SHOW TIME!」

ショウヘイだから、人々を魅了するバッティングが起こるから、ショータイム。実況の方が叫ぶ「イッテラッシャイオオタニサン」がまたみんなの合言葉になる。そしてまた違う実況が生まれて、それも盛り上がる。

メディアで触れる、企業が投げかける言葉。それをいいとか、感動したとか、味わう。それだけではもうありません。受け身で終わらずに、みんなの言葉に進化・変化できるかということ。遊べるかということ。一方通行の時代は終わったように感じます。

誰がいつ「なまえ」をつけた？「なまえ」がつくからメディアが紹介できる。

高級時計ブランドであるロレックス。人気モデルの生産量が少ないことから、欲しいモデルを探して正規店を探し回る人が続出。他県を狙ってわざわざ行く人もいるそうです。一ヶ月に何度も何度も訪ねたり、長い年月をかける。そのことを「ロレックスマラソン」と名づけた。無事に成功となれば「完走」。ファンの間での名づけですが、ある現象とも言える。現象を浮き彫りにし、そこに「なまえ」がつけば、メディアなども取り上げやすくなる訳です。

赤身肉で有名な「肉山」というお店があります。なかなか予約が取れないことで有名でしたが、あるとき「肉山登山」という言葉が生まれた。本店に行くことをファンの間でそう呼ぶようになったそう。コースを堪能することを「登頂」と言ったり「無事に下山しました」と言ったり派生していく。体験しないと使えない言葉ですから、行ってみたくなる。自分も言葉を使いたくなる。お客さんが遊んでいる独自の名づけが、お店の宣伝に勝手になっていく時代なのです。

たくさんの種類のウニが出ることで人気の東京・中目黒のお鮨屋さんがあります。「ウニがうちは特徴です!」ではお店側だけの言葉。「あのお鮨屋さんはおいしいウニがたくさん出る」ではお客さんも言いづらい。根室のエゾバフンウニが出て、次に長崎のムラサキウニが出て、というのもなかなか人から人に言いづらいですよね。つまりシェアしづらいのです。そんな中でも、「#ウニ天国」「#ウニ祭り」など、きっといろいろなハッシュタグを使って、

#ウニ天国　#ウニ祭り
#超ウニづくし
（ウニが特徴のお鮨屋さん）
↓
#ウニバーサルスタジオ

お客さんはそれぞれに歓喜を伝えていたはず。

そこであるお客さんが「ウニバーサルスタジオ」と名づけた。ウニバーサルスタジオというたった一つのなまえデザインが全てを包んでしまった。お店の個性もお客さんが楽しめる時間であることも両方言えている。みんなの言葉なのです。みんながその言葉を使いたくなり、写真を撮り、今夜もハッシュタグ化し広まっていく。それはもうお店の立派なキャッチコピーでもある訳です。

みんなの言葉になるということは、それだけ愛され使われ、流通する。みんなが参加できるということ。遊び道具になるとは言い過ぎですが、そのような感覚を持っていると、今の時代ならではの名づけができるのではな

言葉が止まっている
↓
言葉が転がっていく

いでしょうか。

「転がる。広がる。遊べる」とすごくいい。

私の手がけた事例を紹介します。

東京の池袋に、ビジネスパーソン向けにサウナ宿泊施設が誕生した時の話です。

施設にとってお風呂が何個あるとか、サウナは何種類あるとか、特徴的な水風呂なども もちろん大切な売り出したいポイント。「人間回帰」という言葉や「自分の居場所」というキーワードもオリエンでありました。関東最大級というのもとても大きな価値でした。

このようなとき厄介なのは、クライアントさんが自ら提示されている「人間回帰」「自分の居場所」というところから考えてしまうこと。例えばのブランド名の例ですが「リバシス」。回帰を「リバース」と翻訳し「オアシス」にするという意気込みから、二つを足してリバシス。クライアントさんから提示されていた大切な言葉たちですから、相手が喜ぶと思ってしまいがちです。

ビジネスの成功こそがクライアントさんが喜ぶことのはず。サイトや紙を読めばわかりますが、名前を聞いた時点では、人はこの場所がどんなコンセプトで生まれたかなど知る由もない。少し冷たい言い方になってしまいますが、利用する人たちが企画書やオリエンペーパーを見ることは、残念ながら一生ないのが現実。英語に翻訳し、さらに「リバ」と略すことで、さらに理解しづらくなる。頭での理解も難しく、何よりもリバシスと口が言いたくない。参加しにくいネーミングなのです。

案外、人は意味で考え、意味で言葉を固めがちです。前章でもお伝えした通り、それでは言葉が閉じてしまう。そんな感覚を私は持っていて、常にそうならないように心がけています。その時気にすることは、「言葉が転がるのか・広がるのか・遊べるのか」です。感覚的な表現になりますが「言葉が止まっている」と感じる時はよくないと判断し、その言葉や名前を提案することは絶対にしません。

気分スパイスをふりかけよう。

何かを購入するときは、必ずそのときの気分がある。車であるなら、ひとりで夜にドライブにいきたいとか、家族と遠出にいきたいとか。香水であるなら、落ち着きたいとか、気持ちを上げたいとか。「なまえ」を考える際、必ず使われるシチュエーションを想像します。使う人の気分を想像することから始めます。

お風呂に浸かりたくなる気分・サウナに行きたくなる気分とは、どんなものなのか。このとき私は「ダメになってしまいそうな気分」と解釈しました。「リラックス」はまだ頭で捉

かるまる

＝

かるまる？

かるまった～

かるまろう！

かるまれ　かるまります

…

えている言葉です。よく使ってしまいがちでしょうが、本音をつけていない。サウナ宿泊施設ですから、「つかる」だけでなく「とまる」も価値。ここから「かるまる」というブランドネーミングの開発に導きました。最大限に気分を表すため、カラダも心も解けている意味合いから、平仮名4文字で表現したのです。「KALMAL」では駄目。気分スパイスをかけたからこその平仮名。からまっていたものが、ほどける。そんな願いをこの字面から感じてもらいたかったのもあります。

とりあえず
まとめました名前
≠
みんなの名前

頭の中にあったのは、「あ〜」「う〜」というお風呂に入ったときに溢れてしまう声。「あ〜今日も疲れた〜〜〜」の「〜〜〜〜〜」の部分にこそ、サウナやお風呂の価値があると思った。そしてまた「かるまった〜」「かるまる?」「かるまろう」のように言葉で遊んでもらえる予感がありました。ブランド名が名詞で終わらずに、動詞にも形容詞にもなって広がっていくイメージがあったのです。

大きなお金をかけて投資をするサウナ宿泊施設。偉い方が「サウナの数の多さがうちの最大価値だ」と言うとしましょう。サウナが仮に7つだとして、オリエンにあったオアシスという言葉を足す。会議の場で「オアシス

名前
＝
意味＋気分

セブン・池袋」となることもあると思います。その場ではいいかもしれない。偉い方も満足ですし、誰も傷つかない。「とりあえずまとめました」な名前は会議でよく誕生します。

しかしこれはホワイトボード上の名前であり、残念ながらみんなの名前にはまだなっていません。数の多さをあげて10個の施設が生まれたら大変ですし、そもそも「多さ」がサウナが持つ一番の価値ではないはず。提供されるワクワクだったり、そこで得られる気分こそがブランドの個性や価値のはずですから。

「かるまる」は、今では（サウナ施設を評価する）2021年のサウナシュラン3位にランク（2020年は2位）されるなど、サウナ好きで知らない人はいない大人気施設です。立派なブランドになってしまった訳ですが、名前とはまだ何者でもない時に生まれるもの。紙一枚に文字だけの時が確実にある。流行る前の初見時を想像してみてください。まさかの平仮名です。ダサいかも…と思われる方がいて当然です。

大きな投資の中で、自分が経営者だと想像してください。魅力的なサウナや水風呂を生み、おしゃれな空間を0→1で都内に大々的につくる。格好つけたい気持ちがあって当然です。ただこの時（2019年）、少なからずサウナという場所は格好つける気分で行く場所ではないと思っていました（サウナが流行っている昨今ではその逆でスタイルを推す方向もあるかもしれません）。むしろその「ダメになってしまいそうな」「気持ちがほどけてしまいそうな」、その気分こそが本質。気分スパイスを名前に最大限かけたのです。

もしも病院の名前を考えるのなら名前はクリーンであるべき。信頼や安心感が重要でしょう。面白い必要性は特にいらない。高級車であれば平仮名はまずあり得ない。文房具とは違う訳ですから。そのように、名前に気分があっているかどうか。ブランドを考える上でとても重要なことでしょう。

そのままビジネスの種に。

サウナ界は、なまえデザインが多く見られる。「整う」というのは素晴らしい名づけですよね。この言葉により、あたらしい現代の価値がサウナにつき、裾野が多くの人に広がった。サウナと言えば「おじさん」という古いイメージを変えたのはこの言葉の誕生が大きかったはずです。

かるまるは今「サウナ界のディズニーランド」と呼ばれています。これも誰かの名づけ。ちなみに「オロポ」という言葉をご存知ですか?オロナミンCとポカリスエットを混ぜたドリンクのこと。これをサウナ後に飲むと、最高に整う。誰かが名づけて遊んだんですよね。これはもう立派なビジネスです。サウナから出た後、なにを飲むのか。大きな選択肢としてこのオロポはあるわけですから。写真を撮り、SNS上で呟きたい人がたくさんいるでしょう。1対1で割るのを神配合として、「神オロポ」として名づけて売るサウナもあります。

オロナミンCとポンジュースを合わせれば「オロポン」の出来上がり。ヤクルトとタフマンを割ると「ヤクマン」らしく、音の響き的に麻雀の役満も加わり、ものすごい満足度と

オロナミンC＋ポカリスエット
＝オロポ

ヤクルト＋タフマン
＝ヤクマン

POWERが出そう。これらはポンジュースやタフマンの新しい売り方としても非常に面白い。

こうして言葉はどんどん遊ばれ、広がり、遊びで終わらずに企画となったり、そのままビジネスにつながっていく可能性を秘めている。言葉や「なまえ」は、アイデアそのもの、企画そのものだったりするのです。

NAME 04

熱盛

プロ野球における「ファインプレー」を違う言葉で言い換えているだけではなく、「熱く盛り上げるプレー」という独自の規定をしています。コンセプトをアップデートしている。「熱盛したい選手」「熱盛を観たいファン」両方の言葉・みんなの言葉でもある。言葉で遊べる。参加できる。「初盛」「熱盛グランプリ」など、言葉だけでなく企画も広がっていく。ネーミングやコピーのお手本と言ってもいいかもしれません。

NAME 05

ウニバーサルスタジオ

「＃ウニづくし」「＃超ウニ祭」「＃ウニ天国」色んなハッシュタグをお客さんそれぞれが考えて、つけてきたと思うんです。ウニが有名なお鮨屋さんで、ウニの写真を撮ってアップする。映えますから。そこに出てきたのが「ウニバーサルスタジオ」。エンターテインメント・アトラクションと捉え、お客さんもお店側もみんながハッピーになれるのがすごい。アートディレクターである秋山具義さんによる素晴らしいなまえデザインです。

K-NAME 06

かるまる

プレゼンテーションは、白紙に言葉だけが書かれた状態。

翌年サウナシュラン2位（2020年）にいきなり選ばれる未来なんか知る由もない。大きな投資の中で平仮名4文字の名前を選べるかどうかは、経営者の手腕。本当にお客様の目線に立って作られていたからこそ「受け手の言葉で生まれた名」をチョイスされたのだと思います。経営者はサウナ好きが多い。かるまる経験者、かるまるラバーもたくさん。密かに私の代表作となっています。

かるまる

Sauna & Hotel

かるまる/ サウナ宿泊施設/○AD：木住野彰悟○C：小藥元
（2019）

CHAPTER 6

価値ピラミッドをつくる

「あれもこれも言いたい」は、なにも伝わらない。

博報堂から独立してすぐ、靴下メーカーの岡本さんから依頼がありました。新ブランドの立ち上げプロジェクトだったのですが、相談の中に売れ行きに非常に悩んでいる、冷え性の人向けの靴下がありました。「三陰交をあたためる」という謎の名前、怪しげなデザインのパッケージ（正直にすいません）。（もっと正直に言うと）手に取ることもなのですが、レジに恥ずかしくて持っていけない。60年以上靴下作りをされてきた岡本の技術が、残念なことに伝わらない。ちゃんとしたメーカーなのに、パッケージや名前の小難しさがネガティブにひっかかり、生活者の信用に足りていない。大学との共同研究など、いろいろ言いたいことだけが、情報だらけの込み入ったパッケージから伝わっていました。

「あれもこれも伝えたい。あれもこれも価値だ」。

気持ちはわかります。得てしてクライアントさんはそう思いがち。しかしこれを全部言お

あれもこれも
言いたい
↓
どれが一番
言いたい

うとすると、全ての色が混ざって何色か分からなくなる。幕の内弁当のような見え方になってしまう。結果、個性が見えなくなるのです。そこで大切なことは「価値の順番を決めること」だと私は考えています。プライオリティーを決めていくのです。

価値ピラミッドをつくってみるとわかりやすい。強みや訴えたい価値を書き出しながら、順番をつけていく。最終的に一番上に立つ、つまり最大の売りが何なのかを絞っていく作業とも言えます。全てのケースではありませんが、ピラミッドの一番上を決めたらそこで思い切りジャンプしてブランド名にする。まさにこの時の仕事がそうでした。

言葉のジャンプとエンジニアリングの二刀流。

価値を絞る作業の訳ですが、一番上以外の残りの価値も当然大切。それらは、パッケージの残りの箇所であったり、裏面やPOPシールであったり、ブランドネーミング以外の場所で活かす。まるでエンジニアリングするように、価値や事実を丁寧に適切な場所で組み立てる。緩急をつけていくイメージです。

ピラミッドをつくってみます。

このときの場合、ネーミングにあった「三陰交」は大きな特徴ですが、岡本が着目した独自の視点の一つに過ぎないと感じた。つまり冷え性を解決する岡本の靴下の「理由1」でしかない。60年という歴史も「理由2」。大学との共同研究という事実はもっと優先度の低い理由です。

一番の問題は、一周回って三陰交を温めた先どうなるのかが、そもそもパッと見てわからなくなってしまっていることだと感じました。つまりど真ん中の価値である「とてもあたた

『三陰交をあたためる』に見る価値ピラミッド

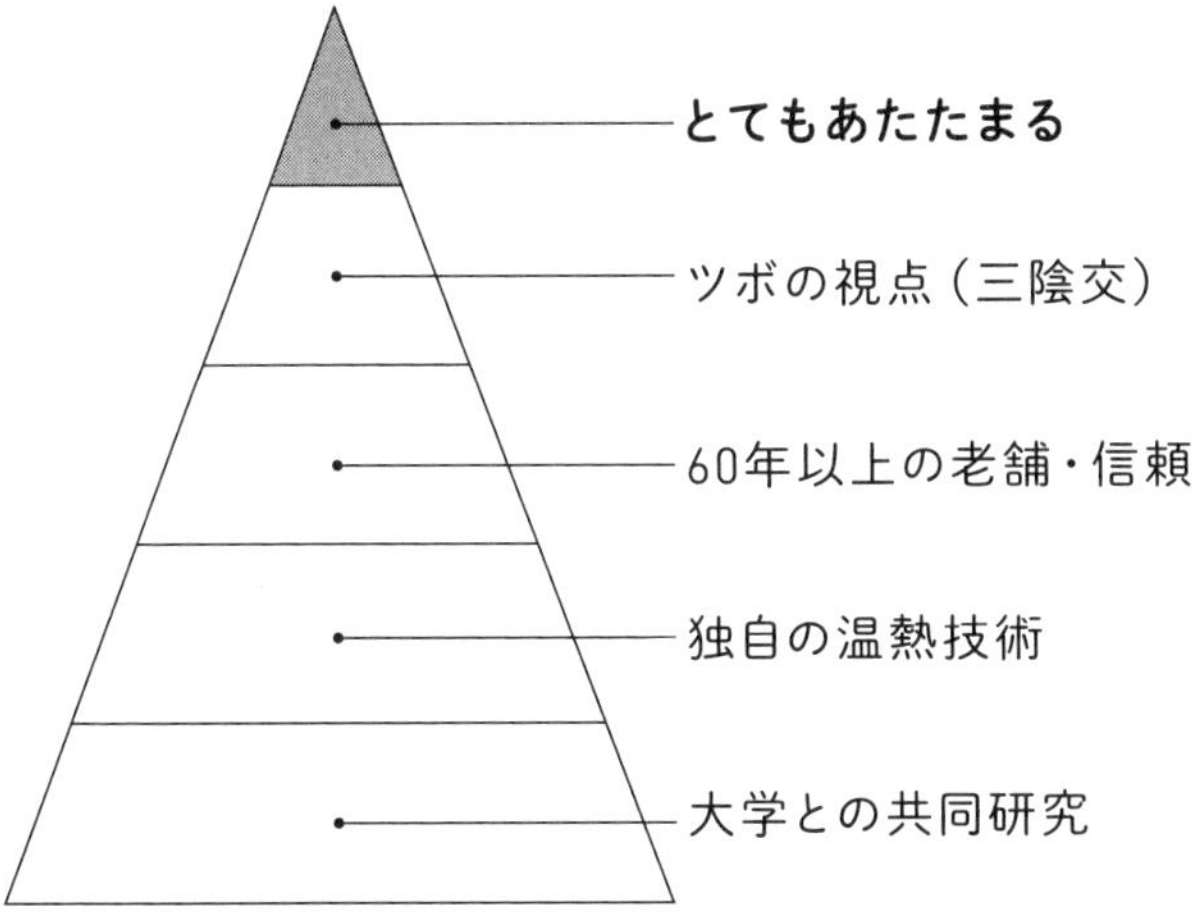

まる」をピラミッドの一番上に置き、それを極限まで突破する名前にしようと考えたのです。

ネーミングは「まるでこたつソックス」。

三陰交という名が大事なのではなく、足首（ツボ）への着目こそがチャーミング。靴下作りをずっと続けてきた老舗だからこそ、見つけた視点と言えます。「パイル編み」と以前のパッケージに大きく書かれていた言葉は情報が増えるため「独自の編み方」程度に。とにかく岡本という老舗が持つ「視点」や「技術」を売りにした。

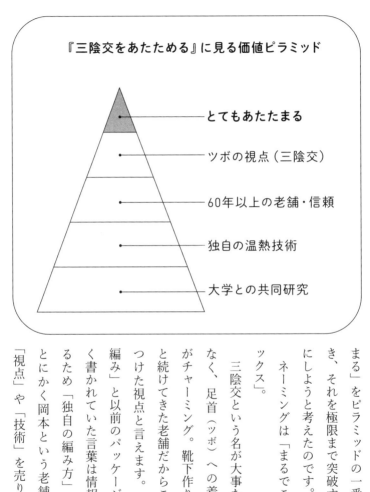

あたたまる
↓
まるでこたつぐらい
あたたまる＝差別化

その結果「まるでこたつ」と言えるほどの靴下をついに実現したんです、試してください、という文脈に変えたのです。

冷え性の人は困っている。緊急性のある単語が欲しい。けれど品のなさ・安さに転がってしまうのは危険。そして偉そうな言い切りではなく、試したくなることを大切にしました。あくまでもトーンはニュートラルで、信頼ある知的なブランドを目指したのです。

単品ではなく面で棚を取りに行こうという戦略もあり、「靴下サプリ」というシリーズ名を同時に考えました。パッケージがサプリ型のデザインをしているのはそれでです。名前だけではなく、デザインもまたブランドアイデンティティーになっているのはいうまでもありません。

結果は、大ヒット。ロフトさんや東急ハンズさんなど、岡本の商品をそれまで全く置いてもらえなかった流通先に興味を持っていただき、初年度から入っていきました。リブランディング前の2013年と16年の売り上げ比較は17倍。すでに大きな話題となっていた2020年と2021年の比較でも売り上げ6倍を記録。今では累計70万足を売り上げるブランドに成長しました。テレビを含むたくさんのメディアからの取材などもあり、ヒットネーミング事例に仲間入りしたのです。

ピラミッドを組み立てる。言葉の団体戦を仕掛ける。

「言葉の団体戦」ということを、この仕事から学びました。

名前はもちろん大事。それで手にとってもらうかが決まると言ってもいい。手にとってもらえなければ裏面は見てもらえませんし、何もはじまらないのも事実。価値ピラミッドの頂上に立つ主将は、目を留めさせる。足を止めてもらう。名前という主将の役割はそれです。

しかしネーミング一つだけで、人は納得や満足まではしないでしょう。だからこそ裏面やPOP、あらゆる場所で、一つひとつ価値となる言葉を丁寧に組み立てていく。戦う順番を決めるように、一つずつ言葉を頭に投げかけていく。落としていく。そして最終的に購入というストーリーに帰結させていくのです。

言葉が多すぎることで複雑となり、大切なものに目がいかなくなることが一番ダメ。情報を取捨選択し、価値に大小をつけ、緩急をつけながら戦うのです。ブランド名は個人戦。しかし団体戦の意識も持てると、より強いブランド・選ばれるブランドになるはず。この話は、次章でも触れたいと思います。

面白いと思うところより、
面白がってもらえるところ。

老舗のお蕎麦屋「かんだやぶそば」と人気ラーメン店「麺屋武蔵」のコラボレーションの相談があった時のことです。コンビニエンスストアで売られる限定商品とのことでしたが、このためだけにCMを流せる訳ではなく、店頭での力・名前の力が試される仕事となりました。「そばラーとか考えていたんですけれど…」と武蔵の矢都木二郎社長はオリエン時にお話しされていた。言葉は誰でも考えられる。このようにクライアントさんはすでに何周も走られているので、コピーライターは大変です。それを追い越さないと提案になりませんから(涙)…。

この時、すごく面白いと直感的に思いながらも、新しい概念・カテゴリーに名前がついているようで少し遠い印象を受けた。店頭ではもう少し直接的に強い単語がないと埋れてしまうなと感じたのです。おいしいラーメンや蕎麦だらけのところに並んでしまうわけですから。名前が育つには息も出来ないほど強敵だらけで難しい場所な訳です。

実際に食べてみると本当においしい。豚骨の旨みにマー油を合わせたスープが売りです。

蕎麦みたいでラーメン
みたいで面白い
↓
老舗の挑戦と不思議な
タッグが面白い

ラーメンスープなのに蕎麦。蕎麦なのにラーメン？というのも画期的で面白い。しかし一番の売りは何だろうと考えます。つまり価値ピラミッドのいちばん上を考えていくのです。

そもそも価値とは何か。

お笑い芸人さんも自分たちが全く意図しなかった売り出し方でブレークするケースがあるようです。ずっと2枚目で売っていたけれど、太ったら売れたとか、キモいキャラで大当たりしたなど。案外、魅力というものは自分ではなく、他の方が気づくことが多い。つまり価値とは、自分が面白いと思っているところよりも、みんなに面白がってもらえるところなのかもしれません。また価値とは、商品が持っている事実だけではなく、商品の周りにある文脈も価値になる。この時の場合、味であったり、麺やスープの特徴やおいしさだけではなく、「日本を代表する老舗がこんな挑戦をする」、そこが面白いと思ったのです。言い換えれば、その切り口がPRやニュースになると思った。

麺屋武蔵の社長には、ラーメンではなく蕎麦を主語にしたいとお伝えしました。考えたのは「ヤバそば」というネーミング。名前の中にラーメンがありません。

その判断ができる経営者は決して多くないだろうと感じます。しかし名前の横には、前代未聞ならぬ「前代未麺!」というキャッチコピーを大きく添えました。麺ですから、ラーメンのことを表しています。これもある種、言葉の団体戦。名前を補足するように、ラーメンでもあることを情報付加し、今までにないすごい提案+自信作+面白がっている空気をパッケージ全体で伝える狙いです。

ヤバそばに込められた意味。蕎麦なのかラーメンなのかわからなくて、ヤバイおいしい。ヤバイ新しい。老舗の挑戦・不思議なタッグこそが、ヤバイ面白いだったのです。

K-NAME 07

まるでこたつソックス

累計販売足数70万足[※1]突破。リブランディング後は売り上げ17倍[※2]。2021年売り上げも20年の6倍を記録。爆発的な人気商品になりました。「こたつ」は意外とすんなり浮かびました。「まるで」との組み合わせの響きがポイントだったと思います。「三陰交をあたためる」という昔のパッケージは検索してみてください。糸の調達の関係で生産量が限られてしまい、よりプレミア化。簡単には作れない。「まるこた」をメーカーがちゃんと生んでいる証拠でもあります。

※1　15年～20年岡本（株）出荷ベース。シリーズ商品含む。
※2　リブランディング前年13年と16年の比較。数量ベース。

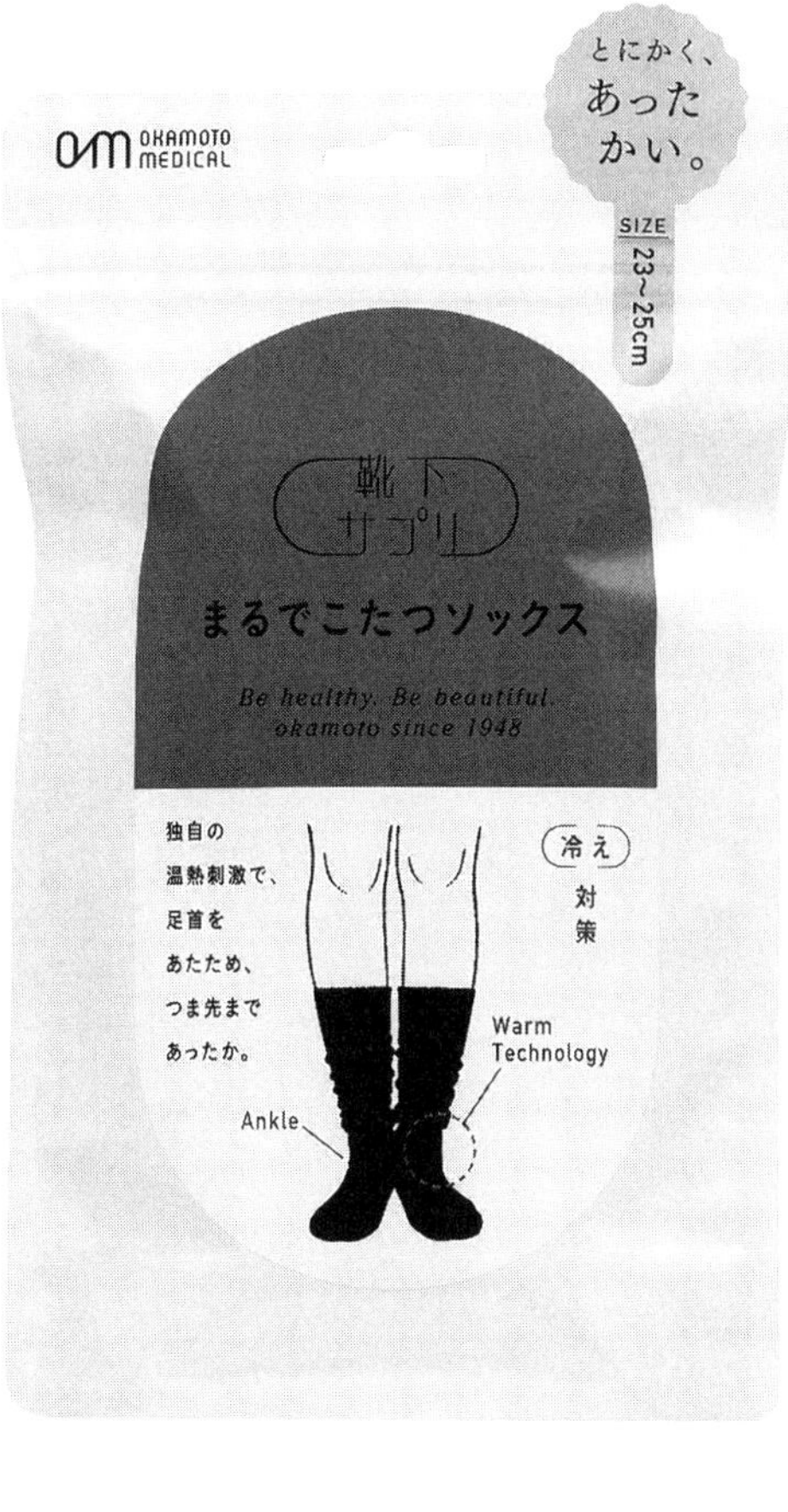

まるでこたつソックス／靴下リブランディング／ ○CD＋C：小藥元○AD：中谷亜美
（2015）

THINKING 3

日本を代表するブランドの一つに「無印良品」が挙げられると思います。今や全世界に1000を超える店舗数。1980年に誕生し、「しるしの無い良い品」という意味。高度経済成長の大量生産・大量消費という当時の社会へのアンチテーゼであったと聞きます。ブランド名というものに踊らされるのではない無いという思想をブランド名にした。

1 素材の選択 2 工程の点検 3 包装の簡略化

この3つの原則を基本にしていると、ブランドサイト「What is MUJI?」で書かれています。

●「これがいい」より、「これでいい」を目指す。そんな理性的な満足感を目指す。

●「で」の中にある小さな不満足を払拭し、明晰で自信に満ちた「これでいい」の次元を目指します。

●思想の根幹は、誕生当時と変わらず、生活の「基本」と「普遍」を指し

グッドネーミング・ブランディング

続けています。

（文中一部略）

思想や美意識・プロダクトが受けいれられ、ブランドとなり、ただ略されただけでない形で「ＭＵＪＩ」という言葉に昇華した。４文字のアイコンは、思想と世界がつながるみんなの記号とも言えるでしょう。私はこの文字から、とても自由を感じるのですが、これもまた自社の製品を、究極の自在性が生まれる「空っぽの器」と表現していることとつながっている気がします。

思想がぶれない。だからブランドがぶれない。
好きなこと、嫌いなことが、明文化される。

40年以上も揺るがないブランドのお手本と言えます。ブランドの真ん中に名前がある。その真ん中に思想がある。いつでも無印良品という名前に立ち戻れ、名前からプロダクトや活動へ広がっていく。中心から自然と大きくなる輪をイメージします。

THINKING 3

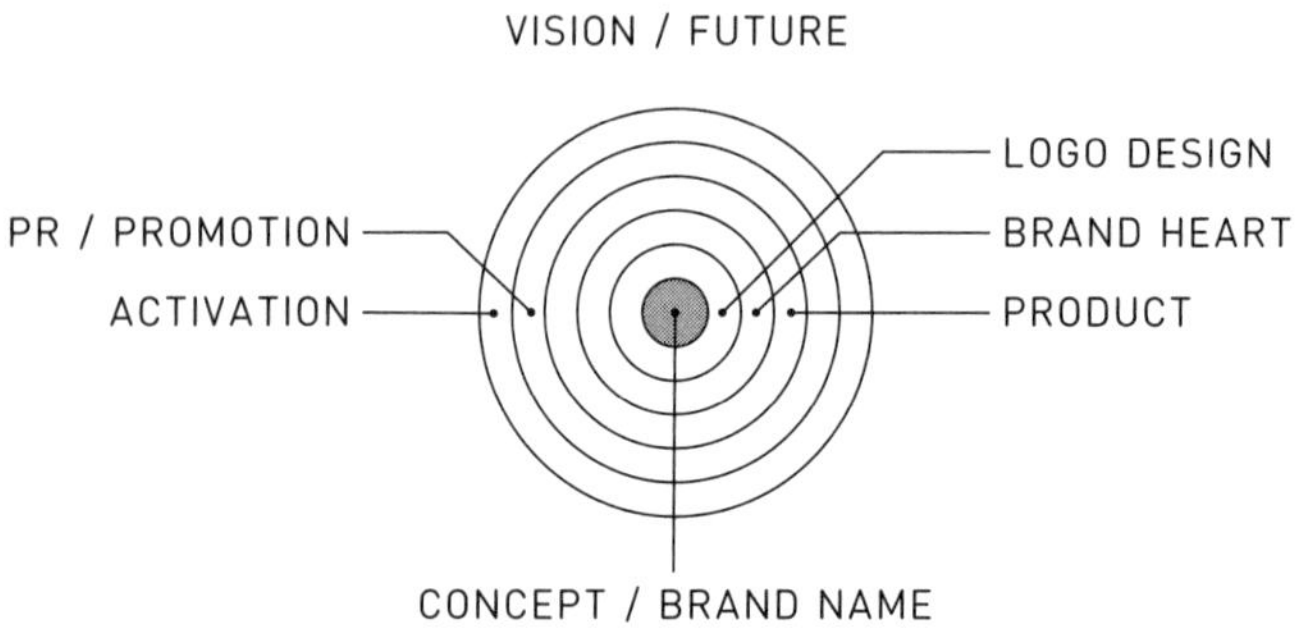

思想をコアになまえを考え、そこから
輪を広げるようにブランドデザインしていく。
=
グッドネーミング・ブランディング

クライアントからの相談を受けるだけではなく、自ら事業を興そうという気になぜならないのか。あるとき悩んでいた時期があります。やりたい事業は残念ながら思いつかなかったのですが、自ら書きたくなる題材がある日浮かびました。

お父さんと子どものポートレート。その写真に、取材をしたお父さんからの言葉を表現してウェブサイトに載せたいと思ったのです。その言葉はどこにも売られていない真似のできない言葉です。

グッドネーミング・ブランディング

全ての人が発信できる現代。たくさんの言葉が溢れかえっている。無駄であったり余計な言葉たちのなんと多いことか。決して誰かを傷つけるものではなく、消えない言葉を模索したかった。お父さんから絞り出された言葉は子どもたちにとって「消えない言葉」になるのではないか。そう思ったのです。

なんとなくやりたい絵や事、大義は浮かびました。次にこのコンテンツの名前を考えます。

「父より」「父手紙」

やりたいことはその通り。ですが、なんとも重たい。本当にどこかの父と子どもだけの話に聞こえてしまう。誰かの話なのに、会ったこともない人なのに、なぜかその気持ちがわかったり景色が浮かぶ。考えていた理想はそれでした。そうでなければ共感されないですから。

「ぱぱことぱ」という名前をつけました。「ば」ではなく、なぜ「ぱ」なのか。

THINKING 3

それはお父さんの照れ隠しでもあり、シャボン玉のようにどこかに浮かんでいたような気持ちでもあると思ったからです。

やりたいコンセプトをどう1行にして伝えるか。「一言で言うと、何がしたいのか?」、これがブランドタグラインにあたります。非常に頭を悩ませ、実はこの策定に一番時間がかかりました。規定したのは「父から君へ、ずっと消えない言葉。」。お父さんはあくまでも自分の子どもにだけ向けて書いている。一般の誰かや多くの方に向けて書いているのではない。具体的な対象として「君」としたかったのです。

コンセプトが見え、名前を考え、それを伝えるタグラインも定めた。次はロゴをどうするかです。カタカナや英語の小文字など様々な検証をしながら「ひらがな」を選びました。正直な気持ちやすこしだけ恥ずかしい気持ちが、そこに表現できると思ったから。お父さんと平仮名という違和感と、見たことのない不思議でやさしい絵面に感じたのもあります。

グッドネーミング・ブランディング

いよいよコンテンツをどうつくっていくかです。どんなトーンの写真や文章にするのか、ウェブの世界観をどうしていくかを考えていきます。

・撮影場所は、お父さんが真っ先に思い浮かべた「子どもとの思い出の場所」。まずそのこと自体が、子供へのサプライズにもなるし、雄弁な絵になるはず。
・「ははことは」とだけ書かれた紙を渡し、直筆で「〇」（半濁点）を書いてもらうデザインに。世界に一つしかない言葉であること、またお父さんの生の温度を伝えるために。
・ウェブでは、まず最初に言葉が出てきて、最後に白黒からカラーに写真が変わっていく演出に。言葉から景色を想像してもらい、物語を埋めるように写真が浮かび上がる。
・まるでどこかにそっと隠していた手紙のように、メインコピーは原稿用紙の升目をデザイン基調に。
・決められた字数で書ききることをルールに。長すぎず、短すぎず、読みやすい文章の量で。

THINKING 3

世界観をつくっていくこと。広げていくこと。「ぱぱことぱ」という名前から自然とそう決まっていった感覚があります。一つひとつが、つながっていく。仕事ではない自主的なプロジェクトですが、リアルに体験したことです。

ブランドを育てたり固める上で、次の3つを考えることをおすすめします。3点セットのようなものです。

1 伝えたいこと、届けたい価値を1行にする。（ブランドタグライン）

2 それを固まりにした名前を考える。（ブランドネーミング）

3 世界観を過不足なく伝えるロゴをデザインする。（ブランドロゴ）

名前やブランドを育てるいわば「土」の部分がこの3つで固まるはず。欲を言えば「大切にする精神・心（ブランドハート）」を4として設定するともっといい。「ぱぱことぱ」の4は、「嘘なきリアリティー」「はじめてのピュア」と設定しています。思い出の場所という撮影のこだわり、はじめて打ち明ける告白のような文章のトーン。これらにつながっています。

土の部分ができれば、ブランドがすべきこと、あるいは絶対しないことが見えてくる。そこで咲く花は自然と決まる。店内の内装、ＰＲ、プロモーション他。ブランドが輪のように広がっていくはずです。

ブランドが立ち戻れる場所を言葉で生む。デザインの理由を言語化できるようにする。名前から、世界観を生んでいく。活動を考えていく。製品づくり。店作り。グッズづくり。ウェブづくりなど。思想を持つ名前をコアに、広げていく。ブランドデザインしていく。

それが私が考える、グッドネーミング・ブランディングです。つまり「なまえデザイン」の言い換えですね（笑）。

THINKING 3

ぱぱことぱ

孫を抱きしめている時、
娘を抱きしめていた日を思い出す。
ぱぱことぱ
http://papakotopa.jp

ウェブサイト「ぱぱことぱ」

瞬発力と一言筋

CHAPTER 7

人は「予想外」に反応してしまう。

この間はじめて入った喫茶店で、メニュー表を眺めていたら飛び込んできました。「名物ガーリックミート」というパスタ。ただのミートソースじゃないのか…しかも名物か…。気分は完全にカルボナーラだったのですが、即それに決めました。

みなさんもレストランなどでメニューを頼むとき、メニュー表や黒板を眺め、名前に吸いよせられてしまった経験があるのではないでしょうか。季節の言葉や産地名、特別な素材名などは、特にシズルを持っている。

「縛りタン」というメニューを出している焼肉店が、ビジュアルも相まって話題になりました。「絵を見たくなる名前」という時点で勝ち。テレビが取材する理由がわかります。

のり弁が食べたくてお弁当屋さんを探していました。いわゆる白身魚とちくわの磯辺揚げを想像しながら。そのお店には、のり弁当もあったのですが、「磯弁当」という名前の弁当がありました。まず何それ？になる。お弁当屋さんのメニューで想像したことのない名前だ

ミートソース
→　ガーリックミート

のり弁当（460円）
→　磯弁当（510円）

からです。のり弁との違いを聞くと、ちくわは共通で「白身魚と唐揚げ」が「マグロの照り焼きとミートボール」になるとのこと。すぐに心変わりして、それにしました。

たった漢字一文字で人の興味を引くことに成功している。ちなみに磯弁当の方が50円高い。売り上げアップにも成功です。

人間が興味を持っていかれるのは、実は瞬間の出来事だったたり。人は、頭というか体で反応してしまうことがある。そして少しだけ予想外のことに反応してしまうのです。

レースをいきなり変えてしまう方法。

岡山県の移住促進をする仕事で「暮らしＪＵＩＣＹ！」というスローガンを書きました。その中で、観光ではないけれど移住まではいかない、まずは一週間暮らしてみる時間として、「7DAYS LIVING! OKAYAMA」という名の企画を作りました。過ごす場所の候補として県の方から一つの島を紹介いただき大変驚きました。それが「くじら島」です。

岡山が面する大きな瀬戸内海には、淡路島や小豆島など様々な島が点在します。そもその土地の魅力に加え、瀬戸内国際芸術祭も大きな吸引力となった日本を代表する観光地。そこにあるくじら島は、島のシルエットからそう名づけられ、貸し切りが可能。海でのアクティビティーに加え、そこでバーベキューや焚き火をしたり、コテージで宿泊もできます。

岡山でもいいですし、海を渡った先の香川でもいい。旅行に行ったとして想像してみてください。家族や恋人や友人と「瀬戸内海のどこかの島にも行こう」となったとします。

もしこれがくじら島ではなく、ただの「無人島」という名しかなかったら（実際くじら島は

瀬戸内海の貸し切りできる島
↓
くじら島

人口0人の無人島です）。もっとシンプルに架空の名前を仮につけますが「岡山島」という聞いたことのない島だったとしたら。「ん？そこになにがあるの？」「なんで淡路島じゃないの？」「そこにアートあるんだっけ？」となるでしょう。有名なところから頭に浮かび、そこに行きたいとなるのが当たり前の感覚です。

くじら島という言葉を見ただけで、聞いただけで「なにそれ!?」になる。他の島と一線を画すことができる。「どの島に行こうレース」で一斉にヨーイドンしたはずなのに、飛び抜けてしまっているんです。出会い頭で勝ってしまうというか、競技さえ変えてしまっている名前なのです。

つけても価値にならない名前は無駄。

店頭でもネットでも、機能競争と価格競争で溢れかえる今。何をもって差別化とするのかも、またそれを伝えることも非常に難しい。すこしだけ意地悪い目線で言えば、似たようなものだらけだと消費者は感じています。製品がすこぶる悪いなんてことはない国なのです。つまり選ぶことが非常に大変な時代。情報はたくさんあり、選択肢が多すぎて比較すると言っても細かい話になったり、そもそも理解するのに時間がかかる。だからこそメディアや好きなタレントさんなどにキュレーションしてもらえると、助かったりする訳です。選ぶのが楽になるから。

テーブルに同時に並べて、別個の価値として認識される。これはビジネス上、とても有利。そのとき名前の力がとても大きい。興味を引く力をしかも瞬間的に宿せるからです。「違うもの」と認識させることができるのです。

世の中を見渡してみると、ただのカテゴリー名をそのままブランド名にしているケースが多く見られます。ただそれは「見ればわかる」ので情報にならない。特別に感じない。またスマートフォンにならってなのか、スマートのついた名前も増えていますが、カテゴリーの頭につけるだけではあまり意味がない。名前をつけているようで「価値にならない名前」「つけてもあまり意味がない名前」になっていては正直もったいない。

万が一、機能で真似をされようとも、名前は商標をとった上でオリジナルであれば基本的には（倫理観が欠如したものを除き）真似できず、ブランドの大きな資産になるはずなのに。

一回見ただけで、一回聞いただけで勝つ。

医療・介護の世界で急成長を遂げている桜十字グループをご存知ですか。この桜十字というブランド名。日本人なら誰しも憧れや好意を抱くであろう桜。生命力や春のあたたかさを感じます。また赤十字から連想される大きな安心感。一回聞いただけで見ただけで。瞬間的にイメージがいい。ものすごいスピードでブランドが信頼を獲得している。熊本のいち病院から急拡大してきた要因の一つに「桜十字」という名の力があると私は感じます。

キャリアの中で私を鍛えてくれた一つにコメダ珈琲店さんとの仕事があります。タレントの力を借りず、メディアの量に甘えず、広告出稿関係なく「商品と横にある言葉のみ」という裸一貫で勝負する貴重な機会を幾度もいただきました。それはスピード筋を意識せざるを得なかった仕事たちでした。

新商品が使えるメディアは、店頭ＰＯＰのみ。チラシ的にメニュー表に挟み込まれたりしますが、売れるのかも人気が出るのかもわかりません。まずは期間限定商品という位置づけになります。お店に来店した珈琲気分の方に、卓上にある小さなＰＯＰや、挟まれたチラシを見て、今日はこの新しい飲み物を試そうと思わせられるかどうか。その真剣勝負。広告力ではなく、店頭力。どんな名前でヒキをつくるか。瞬間で戦いが決まります。名前に瞬発力を持ったスピード筋がなければいけないのです。

私が考えた商品名で、今ではコメダさんのメニューリストに入っている「ジェリコ」「小豆小町」の話をしたいと思います。

新商品を出す！アイスコーヒーの中にゼリーが入っていて、ホイップがたくさん上にのっている！見た目のインパクトがあります！（のちのジェリコです）

コメダさんに限らず、クライアントさんは時として興奮気味です。当たり前ですよね。自信があるから世に出そうとする訳ですし、社内で幾度も検証があってそれを通過している訳ですから。

しかし少し冷静に、いち生活者としての意地悪な目線で見ると「アイスゼリーコーヒー・ホイップのせ」かもしれないと最初に思いました。わかりやすくて、商品抑えとしてはありですが、すでにコメダさんに前からありそうな商品にも聞こえてしまう。それではコーヒー気分で来店されている方の気持ちをスイッチさせるのは難しいでしょう。まずは新商品に聞こえることが重要だと思っていました。

コーヒーの中に小倉あんが入っている新商品を試飲させていただいた時（のちの小豆小町で

す)。「おいしい!」「ストレートに、あんこコーヒーでいいじゃないですか」と答えました。しかし「他社さんにそのような名前で既にあるんです」とのこと。日本の小豆を贅沢に使っている。どの豆を使っているとか、ブランドが持つ価値を挙げるとするとそうなる。それが他社との違いだし、特徴だという事実。間違っていません。

自社の商品は、何よりもかわいい。愛も自信もあります。そんな前提で、自社の人ばかり集めた会議ですと、厳しい意見を言いづらい時もあるでしょう。上司の方の空気を読むこともあると思います。

しかし怒られることも覚悟の上で、正直に感想や想いをお伝えすることも大切だと考えています。なぜなら私は生活者の一人ですし、お客になる一人でもあるからです。はっきり意見を言う。外の人間が頼まれる理由の一つはここにあります。その代わりに、しっかり解決策を出す。ここそがもう一つの頼まれる理由な訳ですから。

「私なら飲まないかも」「私なら普通のいつものコーヒーを頼んじゃいます」

そう思ったなら、ここが立脚点です。であるなら、どうしたら飲みたくなるのか。そこがスタートです。

ゼリーの飲み物を飲んだ時に浮かんだ気分は、「子どもっぽい商品を大人だって堂々と飲みたい気持ちがあるのではないか？」ということ。コメダが持つ癒しの世界観が、童心にかえる空気とリンクしたのです。

小倉あん入りのコーヒーを飲んだ時は、「気持ちを落ち着かせる珈琲もいいけれど、なんだか癒されたいときに飲みたくなる」そんな気分が浮かびました。コーヒーという洋のものと日本的な小倉あんの甘さをミックスさせた商品を、喫茶店だからこそ生まれた新しい飲み物として提案したい感覚を持ちました。

日本の古い喫茶店の風景を持つコメダ珈琲店というブランドの世界観。商品の価値とその気分をかけ合わせて生まれたのが、「ジェリコ」と「小豆小町」です。

あくまで私の手法論ですが、オリエンペーパー（商品の情報や特徴が書かれている紙）から先に考えません。まず何よりも生活者にとっての価値から考えていく。届けたい人の気持ちやニーズ、環境から考えていく。その先に必ず、ブランドの価値が待っている。オリエンペーパーと結びつくと信じているのです。

ブランドは「何か」ではなく、「何者か」を伝える。

これも今ではメニュー表に入っていますが、高級な豆をブレンドしたより贅沢なコーヒーを「コメ黒」とネーミングしました。フレッシュ（ミルク）を使わずに是非味わってほしいということで、コメダの自信を表現したかったのです。

「より贅沢なコーヒー」「ゼリーとホイップ入りのアイスコーヒー」「小倉あん入りのコーヒー」。目の前にある物が「何か」ということはわかります。見たことも聞いたことも想像したこともなければ、その「何か」だけで興味を引くでしょう。デザイン携帯というのは斬新だったわけですし、アイフォンなんかまさに世界が驚く誕生だった。使われている素材が特別なものであったり、貴重であったり、違いが明確に立っている商品はそれをそのままネーミングにするのもいいでしょう。打ち出すべき強みですから。しかしその「何か」が他にもあると判断してしまう物だとすると、目に入ったただの数

何か（WHAT）

↓

何者か（WHO）

人格をつくる

情報

↓

興味・好意

＝

ブランドデザイン

アイスゼリー
コーヒー・ホイップのせ
↓
ジェリコ

小倉あんコーヒー
↓
小豆小町

多ある情報の一つでしかなく「興味」「好意」にまではいかないと考えます。

私はいつもブランド名を考えるとき、「何か」ではなく「何者か」にしようとしている。WHATではなく、WHOの意識です。アイスゼリーコーヒーではなく、ジェリコにするように。オリジナルの個性を与え、自己紹介しなければいけない。「私は人間です」では自己紹介にならないですよね。そのためには名乗らないといけない。つまり回り回って、名がやはり必要になる。それこそがブランドということなのです。

他社にはない人格あるメニューたちが、紛れもなくブランド全体の顔をつくっていく事実を忘れてはいけない。独自の看板メニュー一つで大きな引きをつくることだって出来るはず。「なまえ」は、ブランドデザインなのです。


さて。人は何秒で対象を認識し、○や×や△と判断するのでしょうか。

心理学のメラビアンの法則では、人の第一印象は3～5秒で決まるとされています。人であれば、見た目・音声・話す内容など、数秒の間に様々な情報を同時に受け取ることができます。

しかしコメダさんの場合ですと、商品情報は、小さな紙のみです。話してもくれません。動画もない。まずは目に入ること。少し読んでもらうこと。飲みたくさせること。許された時間は、3秒もないのではないかと厳しめに思っています。ですので本当に1秒も無駄にできないスピード勝負。

ジェリコの場合は、商品名・写真・コピー（飲むとジェリー）・プライス。これだけで勝負です。目に入り、気にしてもらい、つい読んでしまう（店内のタペストリー表面）。小豆小町の場合は、ここで3秒。ここからは（この場合・タペストリー裏面）これでもかと読みたくさせる言葉を投げかけ、読み終えたときには、より飲みたくなっている状態に最大限持っていくことを目指していきます。

全く興味がなかった人を、そんなことを知らずに来店された方を、自分たちの土俵に持っていかなければいけません。なぜならお客様は飲みたいもの・食べたいものはある程度あって、コメダを多くの選択肢から選んでいるはずですから。「気持ちよく」誘引することを目指します。

左脳的な事情や情報ばかりを並べても、読んでいてつまらない。なによりも強引だと受け取られてしまう。はい、広告ね…というやつです。嫌われてしまうとはいいませんが、好かれる感じにはならないでしょう。

情報をただの情報で終わらせず、感情を動かす情報に変える。本当に美味しいと思った人が、あなたも飲んでみてよと、一杯誘うような右脳的な気持ちで書いていきます。情を入れていく。こだわりや理由を入れたり、納得を醸成させていきながら。与えられた3秒を、10秒にも30秒にも拡大していくのです。

CATCH&TRUST

選択肢が多ければ多いほど、ほとんどのものはスルーされてしまう。情報の全てに興味を持ったり追っているほど暇ではないはずですし、疲れてしまいます。その中でまず目に留めてもらうために、名前が持つ力は非常に大切。それはCATCHする力があるから。せっかく「CATCH」したその後は「TRUST」に持っていくことを私は意識しています。いつものアイスコーヒーではなく、飲むに値するのか。前章の冷え性の靴下で言えば、2千円近く払うコストに見合うのか。買ってもいいと思えるか。試してもいい価値があるのか。

信用を上げていく必要があるのです。

名前だけではなく、ロゴを含むデザインや商品周りのコピーワーク、様々なところでブランドのトーン＆マナー作りをしなければいけない。全体で「ＣＡＴＣＨ ＆ ＴＲＵＳＴ」を生み、購買を含めたビジネスの目的を達成するために。

見方を変える。俯瞰で捉える。

ある時、チョコレートソースとキャラメルソースが特徴の季節限定商品が発売されることになり、商品名の依頼がありました。繰り返しになりますが、お客様はある程度好きな商品や特定の何かを食べたい気分、お目当てがあって来店する場合が多い。なぜならそれを想定して、コメダを数多い選択肢の中から選んでいる訳です。ですから新商品とはいえ非常にシビア。もちろんその限定商品の情報を目がけてくる人もいますが、そもそものリリースを名前から魅力的にしなければいけないのは言わずもがなです。

チョコとキャラメル……ゼロイチで何か新しい名前を考えることももちろんできる。むしろ開発されている方は新しさを売りにしたいはず。しかし私が提案したのは、コメダ名物である「シロノワール」の仲間にすることでした。名前は「チョコノワール」「キャラノワール」です。この時も大切にしたのはスピード感。

コメダにいらしている方ならほぼ100%知っているであろうシロノワールという財産を活かすことで、一気に距離を縮める。興味を持ってもらう。試したくなる。当時の臼井興胤社長に「その手があったか!」という顔をしていただいたことを思い出します。

このフレームは広がっていく予感は当初からありました。事実、その後の「リンゴノワール」「ショコラノワール」などの展開に続き、今ではコメダの風物詩になっています。

ブランドこそ育てるもの。しかし、売れないまま3年も待ってもらえなかったと思います。3年もかけずに、3秒の間に。スピード筋を自然とネーミングにインストールせざるを得なかったのです。

名前という扉の向こうこそ、ブランドの本当の力の見せどころ。また頼みたくなるのか。

長いコピー
↓
流通しやすいコピー
＝ 名づけ
＝ なまえ化

おいしくなければ次はない。値段が見合わなければ次は敬遠される。厳しい戦いが待っています。それもまたビジネスの現実です。

「一言で言うと」が、タイトル・PR。

テレビ番組のタイトルも、まさに「一言で言うと」。秀逸なネーミングが本当に多いですよね。「ボキャブラ天国」という番組が昔ありましたが、今でも耳にいい違和感があります。最近、私の子どもたちが好んで観ているのが「千鳥の鬼レンチャン」。「歌の上手い人決定戦」ではダメですよね。今までにない企画を練ると同時に、それを一言で言うとなんなのか。企画書をめくりたくなるような「そそる名」であると同時に、「言いたくなる音」をしている。広がりも生むように構築されているように感じます。

「のど自慢」「紅白歌合戦」「探偵!ナイトスクープ」「情熱大陸」「なんでも鑑定団」「笑点」など、超長寿番組はどこまで育てられていくのか楽しみです。

一言で言うと。それをさらに一瞬で。スピード筋は、今の時代において欠かせない。ネットや記事の見出し、ニュースなどにおいて必要になる要素だからです。PR的な考えとも言えるでしょう。限られた枠の中で興味を喚起しなければいけませんから、それは必然的に短い言葉になるはずです。

「WWS」という名のブランドをご存知ですか?これはワークウェア・スーツの略。「見た目はスーツなのに実は作業着」なアパレルブランドです。ブランドローンチ(新しい商品・サービスを公開すること)のタイミングで「スーツに見えますが、作業着です。」というコピーを書きました。ここからがポイントです。

コピーをより短く一言で言うと「スーツに見える作業着」に変換できる。この言葉こそがブランドの枕詞となりました。表現された長いコピーよりも、代名詞の方が流通しやすい時代なのかもしれない。今でもメディアで紹介される際、必ずと言っていいほどこの言葉を頭につけて紹介されます。「スーツに見える作業着 大ヒット」みたいなことです。様々なメディアでも取り上げられ、1800社以上に導入。今では飛行機会社のユニフォームにまでなりました。

2019年11月。ダイハツから「ROCKY(ロッキー)」という自動車がデビューした際、「新自由SUV」というコピーを書きました。働き方、買い方、暮らし方、生き方といった時代の価値観の移り変わりと、オールインワンな車が持つ価値を結びつけ、あたらしい時代に「新自由」をもたらすSUVとして定義したものでした。この「コピー」も見方を変えると「一言で言うと」。車種名ではない訳ですが、一つの名づけでもある。「新自由SUVロッキー～」としてネットの記事のタイトルに使われる。結果、より流通する。限られたスペースしかない訳ですから、文章のようなコピーではこうならないのです。

あなたが担当するブランドを一言で表現するとなんでしょう。

言いたいことはたくさんあるけれど、長ったらしいコピーではなく、一言で言うとなんなのか。瞬間で、できればチャーミングに、3秒もいらない説明で。瞬発力や一言筋が求められています。ハッシュタグになる言葉も、PRになる言葉も、そのぐらい短いはずです。

NAME 06

くじら島

キャッチコピーというのは、キャッチだけあって「人の目を引く・捕まえる」ということから来ています。コピーなど書かなくても、島に「くじら」が付くだけでそれを叶えている。鯨が見えるから、ではないのですが（笑）。観光って光るという文字がありますよね。原石を資産として磨いて光らせるということかもと思います。くじら島から本島への帰りの船から見た星空は、光っているレベルではなくすごかったです。

K-NAME 08

小豆小町

2015年12月に季節限定デビュー。小豆という和の食材に加えて、コメダというどこか昭和の空気がこの名前を導いてくれました。今では、葵（小豆＋珈琲）、桜（小豆＋ミルクティ）、菫（小豆＋ミルク）と3種類の展開。メニュー表に入る商品に成長しました。ブランドが持つ個性、カラーというのは非常に大事。きっとスタバではこの名前はありえないでしょう。逆も然りです。「っぽい」「ぽくない」はお客さんはとても敏感。「ぽくない」は違和感に転がってしまうんです。

あまとろ。とけとろ。
小豆小町
あずき、いれました。
まさかと思いますが、そのまさかです。コーヒーの中に、なんとあずきをいれました。日本伝統の甘味であるアンコがくれる癒しと、あたたかいコーヒーがくれる安らぎ。ふたつの甘みと苦味が、こんなにもあうなんて。日本のスイーツのような新しいデザートコーヒーの出来上がり。「あまとろ〜」なコメダのくつろぎを、この冬はお楽しみください。
フレッシュで
¥480
たっぷりサイズ
¥580
ホイップで
¥540
たっぷりサイズ
¥640

小豆小町／珈琲商品／◯CD＋C：小薬元◯AD：村上高士、村上雅士
（2015）

K-NAME 09

ジェリコ

2014年7月に季節限定デビュー。広告会社時代の最後の仕事になると思います。裏話として、当時の臼井興胤社長が「コーヒーということは見てわかるのだから、コーヒーと大きく言わなくていい」とディレクションされたんです。だから私は思い切り「コ」と略せた。今では「元祖ジェリコ」として、コメダのザ・定番メニューに成長しました。様々な限定フレーバー展開と共に愛されてもうすぐ10年。累計1000万食を超えました。

ジェリコ／珈琲商品／○AD：岡本和樹○C：小薬元
（2014）

K-NAME 10

スーツに見える作業着

会食でご一緒した関谷有三社長に「こんなものをつくってます」とスマホを見せていただきました。残念ながら、画期的な商品がいまいち伝わらない。もったいないと感じた。そこで「スーツに見えますが、作業着です。」というコピーを書きました。リブランディング前は年商5900万。そこから約16倍の9億4000万（21年）ブランドに成長。事業化3年半で1800社が採用。「スーツに見える作業着」はメディアで枕詞のように今でも使われます。長いコピーよりも、鋭い名づけ。今の時代に流通する形としてなまえ化は大切なのです。

CHAPTER 8

ビジネスにブレークスルー。社会に大きな風呂敷。

「それ、なんて呼ぶ？」ネーミング力がビジネスの景色を変える。

「はじめに」でもお伝えしましたが、経営者の方と話していると「言い換えたい悩み」を抱えている方が実に多い。言葉が擦られ過ぎてしまい、同じ言葉を使うことで同業他社と同じと見られたくないからです。自社の差別化、オリジナリティーを出したいのは当然。「買取」という言葉に変わる名前を考えることで、同じ買取サービスから一歩抜け出たいということだったり。「宅配」に変わる言葉を考えることで、同じ宅配業ではなく付加価値を表現したい、というようなことです。代わりの名を描ければ、「なまえ」に引っ張られる形で他者とは違うサービスにブラッシュアップできる可能性があることを経営者も予感しているのでしょう。「ダイレクトスカウト」も転職の世界に生まれた新しいビジネスの形であり、ネーミングと言えます。

この本と出会い、「なまえ」と聞いて皆さんは何を思い浮かべたでしょう。ご自身の名前ですか。抱えている新商品ですか。起業する社名ですか。私には関係ないや…と思われた方は…残念ながらこの本を読まれていないですよね。

もう感じていただいていると思いますが、私の「なまえ」に対する捉え方はとても大きい。

「それ、なんて呼ぶ?」、ネーミングの構造を簡潔にいえばこれです。

「なんて」という部分は実際の表現。「それ」というのは「サウナに入ったらいいこと」だったり「目的を持ってわざわざ遠くの店に行くこと」だったり、「すごすぎる大谷選手」だったり、実は無限。

「挑戦するヘルスケア企業」をなんて呼ぶ?「教育×ゲーム産業」をなんて呼ぶ?「我が社独自のDX」をなんて呼ぶ?「イノベーションを推進する部署」をなんて呼ぶ?「困った違法放置自転車」をなんて呼ぶ?「新しいトマトソースの価値」をまとめてなんて呼ぶ?「新商品のシャンプーがもたらす、どこにもない艶」をなんて呼ぶ?「若者より元気すぎるシニア」をなんて呼ぶ?「地方にあって都会にない暮らし」をなんて呼ぶ?「新発売のチョコレートの味」をなんて呼ぶ?「会社の粘り強い精神」を一体なんて呼ぶ?……。

ネーミング力・なまえ化

＝

それ、なんて呼ぶ？

↓

「提供する事業」を

「我が社のサービスのカテゴリー」を

「今までにないお茶の香り」を

「ビールがもたらす時間」を

「新商品のチョコレートの口どけ」を

「ブランドが持つ価値」を

なんて呼ぶ？

＝

ビジネスの景色を変える

突破口

「それ」の部分に、今、頭を悩ませていたり抱えているビジネスの課題をぜひ入れてみてください。「なまえ」は「それ=問い」に対する答えに必然的になります。

あらゆるものはネーミングできるはずで、いい「なまえ」が生まれればそれはそのままブランド名になったり、会社の理念や広告や部署名になったり、他社との圧倒的な差別化となったり、地方再生のキーフレーズになったりする。

NETFLIXで話題になった「マイケル・ジョーダン:ラストダンス」。NBAの名将フィル・ジャクソンは、シーズンごとにテーマを決めて計画を立てたと言います。そしていつも象徴的なタイトルをつけた。シカゴブルズにおける97－98シーズンは最後の年となると思っていた彼が表紙に書いたのが、「THE LAST DANCE」だったそうです。

選手はワクワクしますよね。「何をしてやろう」という気持ちになるでしょう。目標を達成するために、チームを団結させるために、ビジネスシーンにおいてどんな言葉を投げかけたり、掲げるかは、とても重要なこと。どこかの会社で貼られているであろう「目指せ120％達成!」「絶対優勝!」も良いと思いますが、ネーミング力・なまえ化のセンスで、伝え方や巻き込み方も、大きく変わるのではないかと感じます。

「それ、なんて呼ぶ?」。そう言い換えてみることで、視点が変わる。景色が変わる。捉え方が変わる。未来が変わる。ネーミング力、およびなまえ化が、ビジネスと社会の新しい突破口になると私は信じているのです。

ヒットネーミングは、仲間をたくさん増やせたから。

ギャル、おひとりさま、マヨラー、港区女子、イクメン、歴女、推し、沼、朝活、サードウェーブコーヒー、ワーケーション、関係人口、オワコン

新しい概念を生む。ある現象を、まるっと言葉で包んでしまう大きなパッケージ力みたいなものが「なまえ」にはあります。

白いTシャツ専門店として有名な「#FFFFFFT」(シロティ)。土日しかやっていない。駅からは少し遠い。目的を持ってそこにわざわざ行く。特別な体験をする。ディスティ

ネーションストア（目的買いの店）と呼ばれています。山の上や、辺鄙な場所にあるパン屋さんなどが、むしろ逆に魅力的に映る時代。その空気をうまくつかんだ名づけです。

社会に起きつつある現象を可視化したような言葉で、社会に持ち手が生まれます。それもあり、という新しい答えを社会に提示することになる。結果、ディスティネーションストアにまた仲間が生まれる。世の中事となる。

Uターン、Jターン、Iターンという言葉がありますよね。

妻の故郷に移住した九州に住む知人は「嫁ターン」と勝手に名づけていました。いなくなってしまった嫁が戻ってきたみたいな意味合いにも聞こえますが（笑）。

今日は京都。来月は北海道のように、自宅を持たずに自由に転々と好きな場所で暮らしていた私の友人はある時「アドレスホッパー」と自分のことを言い出した。その行為のことを「アドレスホッピング」と称したんです。家がない人??という周りから持たれていた怪しいイメージを、新しいスタイルに変えた。

ホッピングということで言えば、転職をどんどんする人のことをジョブホッパーと言ったり。10年前の日本はそこまで転職がカジュアルだったり当たり前のことではなかったと思う

家がない人？？？
（ネガティブ）
↓
新しいスタイル・生き方
（ポジティブ）

のですが。新しい名づけが、意識や社会の空気を変えることが大いにあります。

育児休業という言葉を、育業という呼び名に変える。出来ちゃった婚を、授かり婚という呼び名にする。白髪をグレイヘアと呼ぶ。マイナスのイメージをポジティブに変える。「なまえ」にはそんな力があります。

「アルモンデ」という名づけも素晴らしい。「あるもので済ます」というネガティブな概念ではなく、時短でできる料理というクリエイティブの匂いやみんなのアイデアが入ってきそうな、本にもなりそうな巻き込み力が言葉についている。言葉が大きく広くなり、救われる人が多い。参加できる人の数が増えるのです。

キャンプのテントを支える真ん中のポールをもっと高くあげるように。そうすることで、中に入れる人がもっと増えるように。多くの人や事をやさしく包み込む大きな風呂敷のようなイメージが、いい「なまえ」にはあると私は思っています。「移住」は100：0の選択ですが、「多拠点生活」はもっと選択に自由を与えてくれた気がするのです。2拠点、3拠点、海外も含めて、私たちを大きく包んでくれています。

マイナスをポジティブに。ライフスタイルへ。

お食事をご一緒した臨床心理士の先生から、ある日仕事の相談がありました。それは「メンタルケア」という呼び名を変えたいということでした。「病になってからかかるもの」という漠然とこびりついたイメージを変えたい。そうではなく、メンタルケアが当たり前となる文化を作りたい。自分の快、不快を知ること。自己認識することの大切さは、日常からしたほうがいいとのことでした。スポーツ選手もパフォーマンスにつながるためメンタルトレーニングを取り入れているという話も伺いました。

座禅ではなく、マインドフルネス。お肉を食べない人ではなく、ベジタリアン、ビーガン。断食ではなく、ファスティング。これらも多くの人を仲間にした「なまえ」だと思います。ポジティブな意思を感じたり、スタイルになっている。だから広まった。

メンタルケアの問題は、ケアという響き。マイナスを0にするとか、治すとか、予防するときに使う言葉。それはメンタルが弱ってしまった人のもの。自分とは関係がないと思ってしまう。ここが一番の問題だと私は感じた。そういう人に限って、頑張り過ぎてしまい悪い結果に陥ってしまう。そうならないために新メンタルケアを広めたいという強い思い入れが先生にはありました。

企画書に書いた言葉は、「ALIVE」。提案した名は、「メンタルブレス」です。「人もメンタルも生きている」。そのことに気づくことが大切だと思ったのです。呼吸を整えるよう

弱ったらしてもらう行為

（メンタルケア）

↓

自ら前向きに整える行為

（メンタルブレス）

に、自分を再確認する行為のことを、これからそう呼ぶと定義しました。こんがらがった紐を解くように、自分を見つめ直す。メンタルのリズムを取り戻す。正常に快適に動かす。一部の人の行為ではなく、全ての人にとっての行為や習慣となる。経営者も当たり前にするような。ビジネス雑誌にも取り上げてもらえるような。この新しい呼び名が育ってくれることを祈っています。

関係者の数だけ、思惑は違う問題。

ネーミングの難しいところは、一つしか選べないこと。調査用には何案も作れるかもしれませんし、複数の名前を持つ企画的な商品もあるかもしれませんが、最終的には1案。やり直しがなかなか効かない宿命。

大切だからこそ、名前を決めるときは関わるステークホルダーが多いことが当然あります。私もクライアントさんに対してプレゼンする場合、社長お一人というケースもありますが、当然何人も参加することの方が多い。時に、プレゼン時には様々な部署の方が参加する場合もある。だからこそ大切にしていることの一つが「込める意味の多さ・包める大きさ」という視点。大きな風呂敷や器として機能できる名前なのかをいつも考えています。あれもこれもを上手に一つにくくれたら、関係者みんなの想いを汲めるものが出来る可能性が高いですから。

名前
＝
意味の集合体
＝
想いの数

粗探しのつもりではないのでしょうが、視点が足りないことを突いてくる方もいます。それはひとえに会社やチームのメンバーで何を伝えるべきかを絞り切れていないケースに多い。そこを先回りしてカバーしてしまう。あれもこれも言えている。そんな名前ができると、採用率が高まるかもしれません。

ただそのときも最後のポイントは無理やりにではなく、優しく風呂敷のようにです。意味で固めるというのが無理やり的。そうではなくあくまで包み込むようなことを目指しています。堅苦しい名前は入り込む隙間がなくなるのです。

名前とはいくつものファイルが入った、一つのフォルダー。

ユーグレナさんの「食品・飲料ブランド」をリブランディングした時の話をしましょう。当時、飲料ブランドは「飲むユーグレナ」という名前（その前は、飲むミドリムシ）でした。水に溶かして飲む粉末タイプの名は「ユーグレナの緑汁」。まず、私に求められていたのはコンセプト規定です。コンセプトという言葉を言い換えれば「何がブランドのど真ん中なのか」「何を約束するのか」ということです。

クライアントさんに伺えば、たくさんの効果がある中で絞りきれていないとのことでした。「ユーグレナは色々いいことがあるので試してください」。それではなかなか伝わりづらい。薬機法では言える範囲が決まっていることも現実です。

ユーグレナは、名前が独特。造語ではなく、和名ミドリムシのこと。藻の一種。太古の昔から地球で生き続け、ビタミンやミネラルなど人間に必要な59種類の栄養素を持っている。

体内への吸収率も高い。ただ、乳酸菌のような知名度はありませんし、そもそもそんな事実を知らない方もまだまだ多いはず。だからこそ丁寧に誠実にそのことから伝えたいと思いました。「カラダが変わる」ことをうたっている食品・飲料は多い。そうではなく、このブランドは「細胞から変わる」。それをユーグレナという藻の力で実現する。このことを中心に置こうと考えたのです。

人間の体は一つですが、実は37兆もの細胞から出来ている。そのある種人間の根本にアプローチすることができるからこそ、ユーグレナはカラダを変えることができるのです。細胞という言葉をそこまで他社さんが使っていなかったこともあります。書いたコンセプトコピーは「細胞から元気なカラダへ」です。

一時的にカラダを元気にするような対処法ではなく、カラダの根本にアプローチするという考え方は新しいのではないか。ユーグレナだからこそ堂々と言えることだと思ったのです。

ブランド名は「からだにユーグレナ」としました。

まずもって健康に良さそうだと感じさせる名でなくてはいけない。そのときユーグレナは絶対に欠かせない単語です。会社名であり、素材名がそれになりますし、もっともっとヒーローに育てていくべき言葉。捨て逃げることや、略すことも得策ではないと判断しました。緑色は、ユーグレナ。パッケージの緑ドットは、正常で元気な細胞たちを表現しています。

「飲むユーグレナ」では何が少し問題か。ユーグレナが何者かまだそこまで知られていない状況だとすると、「なぜ飲まないといけないの?」「ユーグレナってそもそも何?」と唐突に感じてしまうのです。ユーグレナがいい素材・とるべきものだとわかった上なら全然いい。少しタイミングが違う名前なのです。

比べて「からだにユーグレナ」は、たとえ詳しく知らなかったとしても「ん?からだにいいのかな?」「良さそうなのかも」という初速スタートになるのではないでしょうか。真ん中にコンセプトもあしらいますし、裏面に説明が入ります。「どうカラダにいいの?」というように、むしろもっと情報が欲しくなるような仕掛けにもなっています。

考えていたことは、単体としてだけの名前ではありません。飲料だけでなく、パウダー(ユーグレナの緑汁という名)、サプリメントなど食品・飲料ブランド全体を包める大きな名前である必要性。全体としてのユーグレナブランド。分散させず塊として見えることで、ブランドの大きさや本気感も出る。パウダーは「からだにユーグレナ　GREEN POWDER」、サプリメントは「からだにユーグレナ　GREEN TABLET」としました。

また、もう一つユーグレナが持つ大きな価値がありました。それはカラダを守るだけでなく、カラダをつくる側面。ここが乳酸菌との大きな違いなのです。ユーグレナがもたらす価値・サイクルを「からだにユーグレナサイクル」と名づけ、「つくる・まもる・はたらく」と書きました。これはパッケージの裏面やブランドサイトに書かれています。まさに言葉の団体戦です。

現在、からだにユーグレナブランドは様々なタイプや形状が生まれています。飲みやすい小さな紙パックタイプになったり、子どもでも飲みやすいフルーティーな味が出たり。今後もますます広がっていくはず。伝えたい効能だって増えるかもしれない。けれど、からだにユーグレナは、それらをきっと受け止めてくれる大きさを持っている。

名前とは、いくつものファイルをくくる一つのフォルダーとも言えるでしょう。そのフォルダーにタイトルをつけるような行為でもある。意味や想いというたくさんのファイルをその中に込めるのです。中にどうしても入れられないものが溢れたときは、名前が窮屈でサイズが合わなくなり、見直しをするのでしょう。

K-NAME 11

からだにユーグレナ

バイオジェット燃料など、ニュースが多いベンチャーとして有名なユーグレナ。企業のど真ん中のブランドをつくる意識でした。食べ物、飲み物は安心が大事。そして繰り返してもらえるか。日々の食卓に必ずあるような風景。からだに取り入れることが当たり前の習慣。そんな大きな理想からの逆算の大きい風呂敷的ネーミング。どんな成長も包めるはずです。

からだにユーグレナ/食品・飲料ブランドリブランディング
○CD+C:小藥元○AD:古谷萌(2020)

NAME 07

アルモンデ

ダジャレをバカにすることなかれ。「聞いたことのある音」というのは、コミュニケーションスピードが早いのです。つまり、距離を縮められるということ。

令和の節約術でもあるアルモンデは、家の中にあるもので済ませること。後ろめたさではなくスタイル。「そういう日もある」という自由すら感じます。料理に近い音だからこそ「おいしく」感じられるのがまたいいんです。

CHAPTER 9

「なまえ」に思想と意思を。

１２００年を超える思想と名。

後輩がお坊さんになった縁から、毎年高野山に登ります。電車でも車でも登れるというのに、朝8時に出発し夕方5時前まで延々と山道を歩き続ける。宿坊に着くのは大体17時半過ぎ。真言宗密教には「即身成仏」という言葉があると教わりました。現実世界のこのままで、私自身が仏になるのだという考え。極楽浄土という考え方ではなく、「今を生きろ・命を燃やせ」という思想があるそうなんです。

細かい宗教の話をここでしたいのではありません。思想に名をつけたからこそ、差別化になった。同時に人から人へ伝えることができ、１２００年という歴史を超えてきた事実。即身成仏以外にも、オリジナルの呼び名が至る所に見受けられます。一つひとつの考えや思想が、一つひとつ名づけられた鎧を持ち、特別化される。個性的で人を惹き付けるものになっていると感じます。

文字をただのテキストにしてはいけない。

コピーを提案すると、多くのクライアントさんから「そうなんです。それがしたかったんです」という反応をいただきます。それは自分たちが気づいていなかったこともあるでしょうし、再確認できることもあるでしょう。

文字をただのテキストにしない。

私が何よりも意識していることです。触れるメディアが増え、これだけ文字が溢れている社会。言葉はいくらでも軽くなり、空虚にもなる。

そこに自分たちの意思が込められているのか。思想があるのか。血が流れているのか。声が聞こえるか。それはとても大切なことなのです。極論、他人から見ればそこまでわからなくても、深くかみ砕けなくても、自らがその言葉に嘘をみじんも感じないということが、ブランドの今後を左右するとさえ思っています。

日本酒ベンチャーのリブランディングのお話をしましょう。

仕事がはじまる際、最初に資料として頂いたリーフレットには、「SAKE100」と書かれていました。「100年誇る一本を」というブランドコンセプト。「サケハンドレッド」と読むということは聞いてはじめてわかりました。恥ずかしながら「サケヒャク」と読むブランドだと思っていたのです。

チーム内で話していたのは、よりハイブランドになる方向性。「プレミアムからラグジュアリーへ」という戦略。ただ海外展開も狙うときに、今のままではブランド名が読めない懸念がありました。ですから私への依頼は、ブランドタグライン・ステートメント開発に加えて、ブランドネーミング開発があったのです。

この時、一つの考えが頭を巡りました。100という数字を100年という捉え方をしているけれども、いかにもお酒や酒蔵を中心に置いた文脈になってしまっていないか。それを100点（満点）にする変換はどうだろうということ。そこでブランドの思想をまず言語化し、タグラインとステートメントに落とし込みました。思想とは、ブランドが何を目指すのか、約束するのかです。

もたらす香り、味わい。
はじまる物語、ひろがる余韻。
心はほどけ、ひとつになる。
世界を包み、祝福する。

そのすべてが満ちていく。

（ブランドステートメント）

「すべてが満ちていく」という言葉を基点に、もともとあった100を満点という捉え方に変える。満ちていくプロセスすべてが豊かな時間。ラグジュアリーブランドだからこその約束です。ブランドネームは「SAKE100」から「SAKE HUNDRED」にしましょうと提案しました。読み方は一緒です。「サケハンドレッド」なのですから。

リブランディングにおいて、もちろん今までと全く違う名前も考えられる。しかし実はもう答えは足元にあり、光の当て方を変えただけという方が新鮮なスイッチだと思った。

ブランドコンセプト
⇅
ブランドネーミング

思想 ⇄ 意思 ⇄ 名前

リブランディング後、売り上げは、ローンチ時の50倍に。20億円ブランドに成長しました。アジア、アメリカと海外展開に果敢に挑戦しています。ブランドの思想や意思とブランド名がつながっているわかりやすい事例ではないでしょうか。

ネーミング沼にはまらないために。

福井発のプロバスケットボールチーム名を考えた時の話をします。

B3リーグへの参入。福井県は、蟹や恐竜

が有名です。このようなとき陥りがちなのが「○○サウルス」という名前。案の方向性の一つとしてはあると思いますが、安直に持っていくべきではないでしょう。なぜなら恐竜はコンセプトにはなりませんし（吠えるとか、暴れるだけでは…）、何よりも「このバスケットボールチームをどうしたいのか」という意思が欠如しているからです。これでは選手もそうですし、これからのチーム運営のまとまりに欠ける未来が容易に想像できる。

多くのバスケットボールチームが全国にある中で、どんな差別化をしていかなければいけないか。どんな想いをこのチームに持っているのか。福井をどうしていきたいのか。どんな未来を描きたいのか。そこが原点であり、出発点にしたい。

そこで関係者のみなさんに質問を投げかけました。その中で出会ったのは「地域をとにかく元気づけたい」という想い。だからこそバスケットボールチームを福井に持ってこようと熱を持って動いている方がいるわけです。

チーム名の前にコピーを開発し提案しました。書いたコピーは、「吹く、いい風。」。バスケットボールコートから福井に、日本に、風を起こす存在になりましょう、と提案したのです。背中を押してくれる風もあれば、優しく寄り添ってくれる風もある。チームの誕生から、福井にいい風があちこちで起きることをイメージしたのです。ブランドの方向性や意思をまず言語化し、そこから導いた名前は「ＢＬＯＷＩＮＤＳ」。コピーをほぼそのままチーム名に昇華させています。名前の中に、勝つというＷＩＮ。県民の多くに関わってほしい願いもあり、複数形にしました。

コピーがブランドの柱となり、土台になる。納得を生む。

名前を決める際、「どう決めていいのかわからない」という事態が起きるのは問題です。かっこいいとか、バスケっぽいとか、福井っぽいとか、「○○がいいと思う」とか、英語でとか、この名前はあそこと似ているから駄目だとか。

人の数だけ、感覚はあります。「個人的な意見ですが…」という前置きをつけた発言が５

なんとなくいい・悪い

↓

こうだから、

これがいい・これは違う

つもあると、もうカオス。ビジネスの場面においてそんな困った経験、みなさんの中にもあるのではないでしょうか。「好き勝手なこと言いはじめる祭り」を何度も私は目撃しています。笑い事ではないのですが。

感覚的な右脳の話だけではなかなか場はまとまらない。あの人はこれが好き、この人はあれが好き、もあります。あの人は好き、と言っているが私は嫌い、もある。困ったことに、名前は最終的に一つという宿命。みんなを一つにまとめるようにしなければ収集が一生つきません。

何に立脚するのか。どの方向性なのか。

ブランド名を決める前に、これを決めるこ

とが非常に重要です。だからこそ、コピーで柱や土台をつくるのです。決してネーミング沼に入らないために、関わる人たちの中で、意思や思想を言語化・共有することを是非お勧めします。「こうだから、こうなる」。「こうだから、これは違う」。共通のゴールイメージやジャッジする判断材料が出来るはずですから。

なまえデザインは、ブランドデザイン。

ブランドコピーとブランドネーミングは、ほぼ同義の場合がある。私のキャリアを振り返ってもケースとして多い。なぜならブランドの何を約束するのか。価値はなんなのか。どこへ向かうのかを言語化したのがコピー。それを踏まえて、だからこそ、この名前なんだ。この名前となる。という思考プロセスやつながりを持っているからです。矛盾なく、いったりきたりできる。むしろ出来ないとしたら、違和感が生まれてしまうはず。

「瀬戸ＳＯＬＡＮ小学校」という学校に名前をつけたときも「ジブン発、セカイ行」というスローガンとステートメントを書きました。これにより名前を決める前に、どんな子どもになってほしいか、来てほしいかの目線を合わせています。

「artim」というパナソニックホームズさんのプレミアムオーダーハウスに名前をつけたときも、「Life is art. Art is you.」というタグラインをブランド名の上に添えています。ブランドの美意識や思想を定義しているのです。

外向けに発するコピーでありながらも、内側（インナー）をまとめる役割を持たせたいと、私は常に考えています。ブランドの意思と生活者にとっての価値を結びつけたいのです。

コピーから名前に結実する場合もあれば、コンセプトから名前を先に考え、ブランドや名前に込めた思いを最後にタグラインなどのコピーに導く場合もある。コピーワークとネーミングワーク。バラバラではなく、つながりがとても深い関係なのです。

ＳＵＢＡＲＵ（スバル）さんから生まれた「SUBAROAD」というナビゲーションアプリ

サービス。このサービス名自体も私は担当していますが、もっと手前でこのサービスを生み出す新部署「SUBARU Digital Innovation Lab」のタグライン、スローガン、ステートメントを書いています。「クルマとテクノロジーの未来は、こっちだ。」というタグライン。「みんなと同じ道はSUBARUじゃない。」というスローガンです。

どんな想いでデジタルを用い、生み出していくか、生み出していきたいかを熱量込めて言語化する。チームの中で想いや視座を共有する。だからこそサービスの名前も矛盾なく決まったところがあると思います。アプリの意義＝SUBARUの思想、な訳ですから。

「なまえだけ」を考えてほしい。その様な依頼も今まであったのですが、実はそれでは足りない。「なまえデザイン」とは、「なまえ」単体だけでなく、ブランドの根幹となるコンセプトや価値を伝えるコピーを含めて、デザインしていけるとより良い。「なまえ」のロゴデザイン、その先のコミュニケーションや活動のデザイン含めてを本当は生むべきです。そのすべてがブランドデザインになるからです。

こちらは、「SUABROAD」を生んだ部署のために書いたステートメントです。

みんなと同じ道はSUBARUじゃない。

カーナビ、打ち込み。はい、どん。合理的。自動化。
ちょって待って。大きな地球を廻るルートは、いつから一つしかないの？
舗装もされていない道からの絶景。田舎道で偶然出会ったおいしいお店。
一本や二本外れたところにこそ、きっと地方の個性はあるはず。
テクノロジーが進化し、人は正解ばかりを追い求めた。
同じ道、同じ景色、同じ体験。それはおもしろいのだろうか。
「クルマの愉しみ、ドライブの愉しみ」をスバルは効率化できない。絶対したくない。
それは「目的地にたどり着く」だけがスバルじゃないから。
たとえば、走りがいのあるルートをナビしてくれたらどうだろう。
たとえば、車が旅の記録をしてくれていたら？
たとえば、走りながらその場所の情報が流れてきたら？
たとえば、走っているその場所と所縁のある曲が流れてきたら？

まだまだ、できることはあるだろう。テクノロジーの答えはわからない。
けれどSUABRUは、SUBARUらしい使い方をしたい。
クルマだけでなく、ドライブのプロセスを、そこでの時間を、価値を、
もっとSUABRUにしようと思います。

クルマとテクノロジーの未来は、こっちだ。
SUBARU Digital Innovation Lab

10年信じられるかどうか。

名前をつける際、大切にしていることは「信じられるかどうか」です。いくつかのポイントを本書でこれまでご紹介してきましたが、最終的にはこの一点に尽きる気さえする。そもそも書いている自分が信じられるものでなければ、相手に失礼であるという意味合いもあり

ます。

例えば、お寿司屋さんの名前で考えてみます。

極論すれば「鮨 げん」でいいかもしれない。あなたが田中誠さんであれば「鮨 誠」でいい。自分の腕一本で生きていく覚悟を込める。職人としての気概を名前にする。職人の腕や背中に弟子たちもついていくでしょうし、おいしければお客さんもついていく。

名前に込めるべきは、思想と意思だと思うからです。なぜその名前にしたのか?と問われたときに、ちゃんと自分の言葉で語れるかが大切。そこで人は納得をするでしょうし、信用もする。これが「なんとなく」と言われてしまったときには、少しガッカリするのも人間だったりします。

昨今は、相撲の蹴手繰《けたぐ》りのような名が目立ちます。やたら長かったり、不思議な名をつけました感全開の名前。悪目立ちを狙っているのでしょうか。目立つために必死です。エンタメ的な消費を促す場合はそれでいい。しかしそもそも食べ物であるなら、物が美味しくなければ2回目はまずない。お土産にもならない。期間限定POP UP商品で売りきる戦略ならば、そのような考えも一理あるかもしれません。しかしブランドを長く続けたいのならば、正しい選択かは疑問。悪目立ちする名前は、10年掲げても古くならないのか。ずっと関わる人たちが信じられる名前なのかどうか。提案する業者も広告もキャンペーンも変えられますが、決めてしまったブランド名はなかなか変えられないのですから。

肯定力がなければ立てない。

私が掲げている屋号は、meet&meet（ミート&ミート）と言います。

広告会社から独立したのが31歳。今よりも当然キャリアが浅い時期でした。コピーライターとして覚悟を持って生きていきたかったので、最初は「WRITE」ですとか、職業性の周りで考えていました。

ちょうどその時担当していたのが、アパレルブランドの仕事で「meet」というコーディネートを提案するキャンペーン。ある同僚から「コグさんの独立の屋号、ミートボーイとかどうです?」と飲みの席で冗談を言われたのです。笑い話で盛り上がりつつ「いいかもな」と瞬間的に思う自分がいました。同時期にハワイ州観光局の仕事をしていて、トップフォトグラファーの写真に自分が物語を想像して言葉を載せていたことがシンクロしたからです。

言葉と写真が出会って、新しい景色と出会う。思えば、人は人と出会って、夢や恋や愛と出会う。それは仕事を超えて、人生の本質だと感じました。つまりずっと信じられると思ったのです。meet&meetという名は、そうして誕生しました。


そこから8年半以上が過ぎました。

思うことは、間違っていなかったということです。何かや人との出会いこそが、また新しい出会いを生んでくれている。出会いの先に出会うもの。

人生は、meet&meet。

独立してみると、その実感しかない。あのときつけた言葉を信じることが今でもできるのです。弱気になったり立ち止まりたくなる時も正直あります。しかし何度もこの名が元気をくれました。

名前があの頃の自分と今の自分を肯定してくれるかどうか。名前を自分が心底信じられるかどうか。肯定力をくれるからこそ、立っていられる。時が経っても、その肯定力があるか。

名前を掲げるものにとって、それこそが何よりも強いことだと実感を持って言えるのです。

「なまえ」とは、私自身。私のものになれるか。

「なまえ」はつけて終わりではなく、はじまるもの。
つながるもの。ひろげていくもの。
つまり、育てていくもの。できれば大きく、長く。
今日も育てていきたいとモチベーションが湧くものか。
そのためには、愛着が持てるか。
愛されるためには、広がりや遊びを持てるか。
口が気持ちよくて、距離が近いか。
ひとりだけではなく、みんなを巻き込めるか。

縛るのではなく、大きく包める優しさがあるか。
「なまえ」の意味を問われても、堂々と答えられるほど信じられるか。肯定できるか。

あなたの「なまえ」は、誰のものですか？
自分のものですよね。
「NAME」という単語の中に「ME」があるのは偶然でしょうか。

「自分の会社だ」と誇りに思えるような。
「自分のチームだ」「自分のプロジェクトだ」と前のめりになるような。
「自分のお気に入り」「自分のブランド」とファンになるような。
「自分のもの」と思えるなまえは、きっといい「なまえ」。
それは自分の夢に変わったり、自分の生きがいに変わったり、
自分の憧れになったりするでしょう。

歴史が育てると言いましたが、歴史をつくるのは時計ではなく人間。

人が育てるしかない。
愛を持って育てましょう。育てば育つほど、大きく唯一無二になっていく。
その先にどんな花が咲くでしょうか。どこまで飛んでいくでしょうか。

書く行為で終わらない。
込められた思想を、その先のコミュニケーションを、行動やブランドや未来を、
デザインする行為が「なまえ」なのです。

名は体を表す。古くから日本にある言葉です。
背筋を伸ばして、大きく育てよ。いっぱい愛してもらえよ。
人間と同じだなあと思いながら、今日も私は「なまえデザイン」をしています。

CHAPTER 9 「なまえ」に思想と意思を。

K-NAME 12

SAKE HUNDRED

「SAKE100」からのリブランディング。18年のブランドローンチ時には4000万円だった売り上げが、2021年にはなんと20億円にまで急成長。会社の名はClear。新しく構えたブランド名やコピーの力だけではもちろんないですが、やること・すべきことといったブランドの思想・ビジョンがクリアになったため、ブランドのアクセルを全力で踏めるようになったと思っています。日本のSAKEが世界で愛される。生駒龍史社長の挑戦が楽しみです。

SAKE HUNDRED /日本酒ブランドリブランディング
○CD：高木新平○AD：長谷川弘佳 ○C：小藥元
（2020）

K-NAME 13

BLOWINDS

クライアントさんには「何をやるのか」も大事ですが、「なぜやるのか」をいつも伺います。バスケットボールチームは他にもあるけれど、理由はそれぞれに違うはず。そこにこそ熱やオリジナリティーが隠れていて、言語化することをとても大事にしています。名前はその結晶ということなんだと思うんです。

BWS

FUKUI BLOWINDS

BLOWINDS/バスケットボールチーム
○AD:木住野彰悟○C:小藥元
(2022)

K-NAME 14

SUBAROAD

効率化された道ではなく、面白い道を走りたい。好奇心を刺激したい。SUBARU（スバル）の想いとスバリストたちがつながるものにしたかった。伊豆、群馬、広島、和歌山と続々コースが作られています。予想外だったのは、全国の販売店から自分たちも参加したいと声が生まれたこと。まさに「共創」のプロジェクトに進化しました。実現は大変。けれど好きという気持ちに嘘がないから、輪が広がっていくのだと思います。

SUBAROAD/ドライブアプリ/○CD＋PL：佐々木大輔○LEA：原ノブオ○C：小藥元
（2021）

K-NAME 15

meet&meet

何かと出会い、はじめて出会う感情がある。景色がある。物語がある。誰かと出会わなければ、生まれなかった物がある。「出会いつづける」ということではなく「出会いの先に出会うもの」という意味が込められています。ロゴができたと連絡が来て、恐る恐るファイルを開いたらPDFで9ページありました。AD 服部一成さんが気に入っていることが伝わり、何よりそれが嬉しかった。制作者自身が自信がないものなんて、絶対に駄目ですから。

meet&meet /クリエイティブカンパニー / ○AD 服部一成○C 小藥元
(2014)

THINKING 4

「社員に何を求めますか」

クライアントである社長との雑談の中で質問したことがあります。「いい仕事です」という答えが返ってきました。社員みんなが、そんな仕事ができるための環境を生んでいく。そう思える仕事ができれば会社は大きくなっていく。そういう意味合いだったと思います。

いい仕事を生む。

これをゴールと捉えるならば、成果報酬などのインセンティブを渡すやり方がある。あるいは会社を引っ越してモチベーションを上げたり、リブランディングをはかったり、外から有能な人材を連れてくる手段もあるでしょう。

ここで大好きな帝国ホテルの言葉を一つご紹介します。

「100－（マイナス）1は、0です。」

愛デンティティー・ブランディング

どんな些細なことや一瞬の出来事も、お客様の印象・帝国ホテルブランドに関わる。これを「ミス厳禁！」と張り紙をする品のない企業もあるかもしれない。どちらがその場所で働くことを誇りに思えるでしょうか。

自然と背筋が伸びる。仕事に真剣に向き合い、お客様と向き合い、それに見合う仕事をしようと思う。帝国ホテルは、社員のプライドやラブからいい仕事を生んでいくのですね。

昨今はブランディングの仕事がほとんどで、その中でもパーパス策定から関わることが私は多い。パーパスとは「企業の社会における存在意義」を決めるということ。この本はパーパス本ではありませんので簡単に私なりの整理をすると、パーパスとは存在意義、ビジョンとは北極星、バリューとはコンパス。どのクライアントさんにも共通してお話しすることは、神棚に置くような言葉は絶対につくるのはやめましょうということ。

いま流行のパーパス。1年かけて、幾度もワークショップを繰り返し、「〇

THINKING 4

○社会を革新的にリードする」というアウトプットでは何のための作業かわからない。パーパス開発のフレームを売る会社ではなく、私はコピーライターですから言葉の中身が売り物です。そんなおさめ方をしないとはっきりと宣言しています。

一見大きなことを言っている風の言葉は仮に場がうなずく瞬間があるにせよ、誰一人自分の言葉にできていないことが多い。会社で働く「みんなの言葉」まで落ちず、流通しない。結果、自社のパーパスを聞かれても誰も覚えていなかったり、答えられない未来に陥る。そんな会社も少なくないのが実情と感じます。

社長や経営陣だけで決めきるのではなく、会社の大きさに応じたできる限りの範囲で社内を巻き込みながらつくろうとする空気を生むことをいつも提案します。なぜならば「会社をもっと愛する、仕事をもっと愛せる」社員の愛する熱を生む大きなきっかけをＣＩ開発・パーパスおよびバリュー策定では生めると信じているからです。

愛デンティティー・ブランディング

プロジェクトがはじまることをアナウンスする。アンケートを投げかける。社員が顔を合わせ様々な棚卸しをしながら、改めて自分の会社の価値やいいところ・足りていないところを周りの仲間と語る。インプットしたり、吐き出したり。見つめたり、思考したり。言語化してもらう宿題やワークショップも挟む。役員はもちろん、現場長含め可能な範囲で巻き込んでいきます。言葉に意思を込め、解像度を上げていく。納得が足りないなら議論をする。まさに言葉をただのテキストにしないためです。そのために参加というのはとても大切なアクションになります。

デジタルマーケティングエージェンシー・アイレップのパーパス・バリュー策定および、CI開発プロジェクトの時の話です。

デジタル専門代理店からの進化変貌のなか、アイレップの最大の強みはなんだろうと模索しました。とかく「強み」は手法に目がいきがち。しかし手法だけでいえば他社も同じことが言える場合があるでしょう。手法を形容する前に、

THINKING 4

もっと根幹を探ることが大切だと私は常に考えています。企業のパーソナリティーの探索です。

アイレップにおけるそれは「改善精神である」というプレゼンテーションをしました。キャンペーンなどの打ち上げ花火で決して終わらない。常に問いを立て模索をする。現状に満足しない。アップデートしつづける。だからこそクライアントのパートナーになりえるんだとお伝えしたのです。これは会社に根付くカルチャーや精神だけでなく、社員の方にとっても言えることで、人としてその姿勢に誇りを持てている方が集まっていることを、長い時間接する中で感じていたのです。共通するパーソナリティーだと確信していました。

改善というDNAをコアに生まれた「解明と発明で未来を改善しつづけ、社会に湧き上がる挑戦を止めない。」というブランドパーパス、コーポレートスローガン「DO BETTER,BE THE BEST」を含むCI変更、バリュー策定となっていきました。「BE IREP」と名づけたバリューは8つからなるのですが、「こと」で縛るのではなく、「人」としてつながることを目指し、在り方や美意識を言語化しました。

愛デンティティー・ブランディング

IREP

DO BETTER, BE THE BEST

この仕事を通し、改めて感じたことがあります。

「その仕事が好き」ということは、「その仕事をしている自分が好きかどうか」ということ。「その会社が好き」ということは、「その会社で働く自分が好きかどうか」ということ。

パーパスとは、教科書的に言えば会社の存在意義。しかし大切なことは、流行のパーパスを「策定すること」だけではないはず。会社の存在意義を大きな言葉で終わらせるのではなく、それが社員一人ひとりの存在意義と重なるかどうか。

それこそが大切だと思うのです。

THINKING 4

その仕事を自分が誇りに思うか。その先の未来を自分が信じられるか。自己肯定や、自分の居場所がちゃんとあるのかどうか。

だからこそ会社と個人のつながりがより強くなり、会社を辞めないという行動にもつながっていくと考えるからです。

金銭的なことだけを考えれば他球団にFAした方がいいのに、今までの球団に残るプロ野球選手がいますよね。大好きな先輩がいたり、チームへの恩義があったり、この仲間と優勝したいという夢があったりする。人間には愛着という大きなものがある。他社にはない大きなものは、愛着です。会社を育てたい、会社と育ちたい。もしかすればそのような感覚かもしれない。強い企業の条件は大きなビジョン、技術力や資金力、競合関係など様々にあるでしょうが、社員の愛着を生める企業こそ強い企業だと私は考えています。そのような会社は生活者もファンになってしまう企業でしょうから。

愛デンティティー・ブランディング

「ブランドと生活者の価値の重なりを常に探している」とTHINKING1（P62）でお伝えしました。パーパス策定やスローガン開発においても、できれば会社だけの話に終わりたくない。なぜなら会社の大きな話で終わってしまうと、社員を巻き込めない言葉に終わる可能性があるからです。会社だけの事ではなく、会社の価値と社員（個人）の価値を結ぶ。存在意義の重なりを見つける。会社を愛するために、仕事を愛するためには、絶対にそこを見つけなければいけないという想いが勝手ながら私にあります。

つまりそれは「アイデンティティー」に他ならない。もっと言えば、自分と会社が重なる存在意義を愛せるのかどうか。これを「愛デンティティー・ブランディング」と私は名づけています。

愛デンティティーが、プロダクトやアクティベーションなど様々な「愛ディア」（いい仕事）につながる。愛デンティティーが生まれれば、企業は成長する。

THINKING 4

会社やその仕事を好きな人が動かす会社は、いい会社に見える。好感が持てる。
結果、愛されるブランドになる。
仕事を始めて、19年目がスタートしました。
志や愛のある人・企業と仕事をしたい。
そんなブランドの役に立ちたい。
まだまだ学びの途中ですが、そのような価値観がいま私を強く動かしています。

INTERVIEW 1

「経営者の自分」と「顧客の自分」で会話しながら決めた名前

寿本晋輔

PROFILE

バリュエンスグループ CEO
バリュエンスホールディングス
代表取締役社長
嵜本晋輔

さきもと・しんすけ
1982年、大阪府出身。
2001年にＪリーグのガンバ大阪に入団するが、
2003年に戦力外通告を受け退団。
その後 JFL の佐川急便で１年プレーした後、
22歳でサッカー界を引退。
2011年 12月にブランド品のリユースなど、
サステナブルな事業を行う株式会社
SOU（現 バリュエンスホールディングス株式会社）を設立。
設立から７年で東証マザーズ市場に上場。
元サッカー選手としては初めての上場企業社長となる。

関西人のコミュニケーションを店名にした「なんぼや」

小槃　経営者の方とお会いする中で、すごいと感じるのは「決める」「決めきる」力だと感じています。僕らはネーミングやデザインを複数もご提案しますが、最終的にはその中から一つのものしか選べない。それを選ぶにあたっては、未来を見越す力がないと出来ませんし、決断に対する大きな責任も当然あります。
　バリュエンスグループの場合、「なんぼや」「STAR BUYERS AUCTION（スターバイヤーズオークション）」「ALLU（アリュー）」などのブランドをはじめ、昨今ではダンスチームを持ったり、サッカーチームの経営に携わることもされています。様々な事業やグループの成長タイミングで、多くの名前をつけてこられたと思うのですが、嵜本さんの中で名前に関するルールであったり「この名前にしよう！と思った瞬間」を教えていただけますか。

嵜本　「なんぼや」の前身は、実家の家業だった町のリサイクルショップです。その

「家電・家具などのリサイクルの業態」を「ブランド品の業態」に変えたいと、兄弟3人で父親に提案をしたところ、そこまで言うなら自分たちでやってみろということに。それで、2007年に大阪で「なんぼや」をスタートしました。それが1店舗目です。当時は「ナンバdeなんぼ屋」という名前だったんです。

小籔 「ナンバdeなんぼ屋」の前は、どんな名前のお店だったのですか？

嵜本 「リサイクルセンターマックス」という名前でした。そこから兄弟3人で業態を変更する際に、まずは「ナンバdeなんぼ屋」でスタートさせ、次の店舗名も地域名＋「なんぼや」という展開をしていこうという話をしていました。「なんぼや」は、いろいろなアイデアが出た中で3人満場一致で決めた名前です。リサイクルショップで買い取りをやっていたとき、顧客との商談の場で「5万円で買い取ります」と言うと、「いやもうちょっと兄ちゃんあげてよ、5万5000円にして」みたいな交渉が大阪では文化になっていて、みんな楽しみながら物を手放すんですね。それが僕たちの営業スタイルでもあったんです。

上から押し付けたり、これ以外無理だという態度ではなくて、むしろ顧客の希望に寄り添いながら、最終的な着地金額を決めていく。それから、関西人は買い物するときプライスが付いていても「で、兄ちゃんなんぼなの?」とたずねることを、当たり前のコミュニケーションとして楽しんでいる。そうして5000円でも1万円でも値引きして買えたときに、購買体験として良いエクスペリエンスになることが、自分自身の経験としてありました。そういう文化を残しつつ、自分たちの値づけや買い取り販売というものを一言で表せるのはこの言葉しかないと思い、「なんぼや」という名前が絶対にいいとなったわけです。

小藥　「なんぼや」という名前に決める際、先を走っているリユース関係のプレイヤーたちの名前は意識されましたか。

嵜本　「ナンバdeなんぼ屋」のように出店する地域の名前を入れるなど、自分たちは「この名前でいいよね」ぐらいの感覚でした。ですので、競合他社を意識してつくった名前ではなく、自分たちのこれまでのスタイルを貫くことができ、スタンスや価値観が凝縮された言葉として「なんぼや」に決めました。関西では通用する言葉ですが、はたして関東でも通用するのか。偏見かもしれないですけど、関東人は関西人のことを嫌う人もいるので、関西丸出しの「なんぼや」という屋号で本当に来店いただけるのか。そんな不安を持ちつつ、東京に1店舗出してみたいという好奇心もあり、2009年に新宿に初めて出店したところ、1～2週間で結果が出ました。屋号とは関係なく、そこまで顧客と歩み寄る会話重視の買い取り店が東京になかったんですね。そういう意味で、顧客には新しいスタイルの買い取り専門店という理解と支持が得られて、渋谷、銀座と展開していきました。

顧客目線から生まれた店名「ALLU」

小籔　C（顧客）ではなくB（事業者）に売るという画期的なビジネスモデルでもあり、会社のエッジとなったのが「スターバイヤーズオークション」ですね。

嵜本　スタート時の名前は「東京スターオークション」でした。東京でトップを取ることができれば、日本一のオークションになれるという思いでちょっと意識して「東京」とつけたんです。商標や今後の海外展開を検討した際に、リブランディングをすることになり、新たにつけた名前が「スターバイヤーズオークション」です。覚えやすさを重視したうえで、海外のオークションでは「バイヤー」という言葉を使うこともあり、バイヤーに対するリスペクトも伝わるということで、この名前に決まりました。

小藥　海外では当初「なんぼや」で展開されていましたよね？

嵜本　これまで「なんぼや」で30店舗を海外展開していたのですが、現在はすべて「ＡＬＬＵ」に変えました。調査をしてみたら、「なんぼや」より「ＡＬＬＵ」の方が顧客にとって買い取り専門店と認知しやすいことがわかったんです。また、日本で買い取りをして海外で販売するというグローバルコマースを展開するなかで「ＡＬＬＵ」の認知度やブランド力を上げていくために、そのほうがよいと考えました。

小藥　そもそも「ＡＬＬＵ」は、どんな考えから生まれた名前ですか。「なんぼや」ブランドとは全く違うカラーだと思うんです。

嵜本　世の中のブランド品の販売店舗、中古品の販売店舗の多くは、ガラスショーケースに商品を入れて、売れやすいアイテムを中心に売るというスタイルが定着しています。リユースの広がりが限定的だったのは、大手リユースプラットフォーマーたちのそうした売り方に少し課題があったのかなと。さらに言えば、そことの違いを作らないと、やはりお客様には選んでもらえません。選んでもらうための店作りやコンセプトを考え、僕自身が客として扉を開けた瞬間に「ここ、なんかいいかも」「好き」と思ってもらえるような空間を目指しました。差別化が図れる商品ラインナップはもちろんですが、また来店したくなるという要素も必要です。商品も店頭に立つ人の質も、空間一つにしても「魅了・魅惑する」というコンセプトにしたいと考え、英語で「魅了する」という意味を持つ「Allure」を選びました。その言葉から「ＡＬＬＵ」という部分を切り取ったのです。この四文字は響きもいいし、大元のコンセプトもあるので伝えやすい。ファサードにその文字が載ったときにも印象が良く、覚えてもらいやすいし、単価の高いものを扱っているという響きも感じました。

小籔　経営者の自分とお客様の自分でいったりきたり会話しながら考えられたわけですね。ご自分で名前を決めることは多いですか。

嵜本　そうですね。過去を振り返ると、自分で徹底的に調べ上げて決めた方がいいものが生まれることが多かったですね。

小籔　つまり合理性や合議制という決め方じゃなくて、自分の思いはもちろん、自分が１００％信じられることをとても大事にされているということですね。

「ＡＬＬＵ」はフラッグシップ的な意味合いで作られたんでしょうか。それとも先ほど海外のお話もありましたが、ブランドとして大きくしていくことを想定して？

嵜本　最初の店舗は銀座です。その場所にふさわしい、かつ自分たちの世界観を体現できる旗艦店としてスタートしました。「ＡＬＬＵ」ブランドの店は今、国内では大阪の心斎橋と東京の銀座・表参道に3店舗展開しています。そして海外ではこれから200、300、500、1000と、「ＡＬＬＵ」ブランドの屋号を広げていくつもりです。マーケティング上、「なんぼや」という買い取り店で買い取りをして「ＡＬＬＵ」で売っているわけですが、本来は「なんぼや」で売った方がどう考えても経済的なメリットが大きいし、一つの屋号にマーケティングコストを投じる方が、一般的に費用対効果が高いんです。でも、顧客目線に立ったときに、僕は「なんぼや」という名の店舗でブランド品を買いたいかと言われたら買いたくないですよ。

小藥　売りたい人の気持ちに寄り添っての「なんぼや」であり、買う人の気持ちに寄り添うからの「ＡＬＬＵ」という名前。最初から完璧にそこを切り分けている。

嵜本　僕もそうだし、30〜40代の感度高い女性や男性の購買体験の一つに、ブランドや店の世界観が絶対的にあります。「なんぼや」という店舗をいくらきれいにお金かけてつくったとしても限界がある。だから買い取りは「なんぼや」だけど、僕たちが商品を売るという世界観を表現するのは「ALLU」なんです。投資家からは、なぜ「なんぼや」に統一しないのか、そっちの方が絶対メリットあると指摘されることもあるんですけど、僕は信念を持ってやっているので、現在の店舗のあり方がいいと考えています。

これまでの価値観を変えていく名前に

小籔　2020年に社名を「Valuence（バリュエンス）」に一新されたのは、どのようなタイミングだったんでしょうか。

嵜本　設立当初は人を想う、心に沿うという意味で「SOU」という社名を採用しました。これは当時、ブランディング会社に提案してもらった中から消去法で決めました。その名前でスタートして10年間、第一創業期ではある程度のところまで行くことができたのですが、何かちょっと違うなと思い始めて……。続く第2創業期では、自分のこれまでの価値観を、言うならば破壊するような形でアップデートしないといけない、そもそも再定義する必要があると思っていました。そこで、ブランディング会社と意見交換しながら、半年近くかけて社名から会社のミッションやビジョンまでを見直した結果、「Valuence」という名前に決めました。

10年続いた会社名を変える必要はないと思うかもしれませんが、それってもう誰かがつくり出した固定概念になってしまっている可能性もある。だから、自分の中では次の10年でまた会社名を変えちゃえばいいんじゃない？と思っているぐらいです。

小籔　成功している社名を変えるというのは大きな決断です。「Valuence」は、どんな確信があって決めたのでしょうか。

嵜本　「Valuence」は、バリュー（価値）とエクスペリエンス（体験・経験）、インテリジェンス（知識・知見）を組み合わせた造語です。僕たちがこれまで扱い続けてきたのは、バリューとエクスペリエンス。だから、どんな業態になっても、顧客にとってのバリューとエクスペリエンスをもたらし続けないといけないし、これまでもこれからもそれらにフォーカスし続けます。インテリジェンスはちょっとこじつけかもしれないですけど、自分たちのこれまでのノウハウや知識、知見というものをそこに掛け算することによって、新しい価値に変わる。「Valuence」という名前には、そんな考えを込めています。これも半年近くヒアリングをした結果、提案されたものですが、これに関しては悩むことなく、すぐに決めました。

名前ってすごく重要だとは思うんですけど、小藥さんがおっしゃるように、この名前でどう歴史をつくっていくかだけの話のような気もしています。「Valuence」という名前をつくったからといって、成長せずに1年2年で潰れてしまうような会社になってしまったら、この社名もあまり意味がないですからね。

小藥　逆に最初はすべての人が賛成しない名前だったとしても、企業の努力や歴史で名前が持つイメージや価値を変えられる。名前ってつくづく面白いなと思います。

会社名だけでなく、サービス名や、会社の中の施策名にも、企業の思想や考えが表れると思っています。他社とは違う名前をあえてつけられたことはありますか。

嵜本　これまで「鑑定士」と呼んでいた買い取り担当者の名称を「コンシェルジュ」に変えました。さらに「コンシェルジュ」から「バリューデザイナー」へと変えました。「鑑定士」は「鑑定する人」という定義になるので、「鑑定以外のことをやりません」と言っているのと同じで、制限がかかってしまうんです。「コンシェルジュ」にすれば、ある程度幅が利くというか、むしろ顧客に寄り添う姿勢も感じてもらえる。当社の場合、価格で勝負するのではなく、接客力と顧客のエクスペリエンスを大切にしていくというコンセプトだったので、そうなるとやはり「鑑定士」ではなかったんです。

小藥　確かに鑑定士だと職人的だけれど限定的でもある。企業のカルチャーや姿勢が、たった一言の表現にも表れるんですよね。社員の方の意識を変える装置にもなりますね。

嵜本　そうですね。お客様を思いやる、お客様のかゆい所に手が届く、心を通わせるという意味でのコンシェルジュをつくろうと。それを今度は、バリューデザイナーとし、顧客にとっての意味や価値をデザインしていくという意味をその名称に込めました。

いま僕たちには「ブランド品を買い取りしてください」という依頼があり、それを買い取ってお金と交換して差し上げる。これは顧客にとってエクスペリエンスであると同時に、顧客が今日得たい成果でもある。それだけでよいのかもしれないですが、そこでとどまっていたら自分たちが成長できないと思っています。バリューデザイナーに名称を変えた背景には、いますでにこれは出来ているんだから、次のステージに行こうよというメッセージも込めています。

小藥　世界の中でのサステナブルという空気もありつつ、御社にとってのドメインでもある「リユース」という概念や名前をどう捉え直すか。アップデートするタイミングなのかもしれないですね。嵜本さんがどう塗り替えるのか非常に興味があります。

嵜本　最近リユースは、やはりマッチングなのかなと思っているんです。顧客と顧客をマッチングし、その間に僕たちがいる。僕たちを通じて、不必要な人から必要な人に物がつながるという意味では人のマッチングであり、物のマッチングでもある。つまり需要と供給のマッチングです。将来的には自分たちで在庫を抱えるのではなく、世界中のクローゼットをまるで自分たちの在庫のように扱えたらという構想があり、それこそマッチングなんです。僕たちがそれらの存在を把握することさえできたら、需要があるところとマッチングする。買い取りじゃなく、マッチングの概念なんです。

小藥　鑑定士のお話がまさにそうだと思うんですけれど、おそらくその肩書名を問題視する経営者はなかなかいないと思うんです。間違ってはいない名前だからです。けれど、その捉え方が他社と違えば、それこそが企業の個性やPRにもなる。人の意識を変えたり、会社の空気が変わったり、会社が成長するポイントメイクになる。マッチングも新しい切り口になりそうです。

嵜本　そうですね。最近、問題・課題というものにフォーカスすると、クリエイティビティが失われることに気づきました。だから、僕は問題・課題に自分を持っていかれないように保つことを意識しています。例えば「今月1億ショートしそうだ」となった瞬間に、人はその1億をどう埋め込めるかということにしか興味がなくなるわけで、それ以上のクリエイティビティが発揮できなくなってしまう。だから、僕は現状の課題解決は現場に任せます。むしろ僕がここにエネルギーを使っていたらクリエイティビティが失われ、5年後10年後を見据えた、もっと大きいことを考えられなくなりますから。そのため、僕がそこの領域は使わなくていいような状態や仕組みを意識的につくってきました。

小籔　人間は言葉に縛られ、概念やルールに縛られてしまう。縛られ始めたら成長も止まってしまうかもしれない。だから時にはリリースして、自分や会社のサイズに応じて新しいものや大きいものを探した方がいい。それを経営者が誰よりも先を見越して、提起されているのが素敵です。組織におけるカルチャー浸透のような仕掛けの側面で、嵜本さんが作られた名前などはありますか。

嵜本　世間一般的にも使われ始めていますが「デュアルキャリア」という言葉を頻繁に

使っています。本業と副業というキャリア制度ではなくて、デュアルなので、どちらも100パーセントという感じでやる。僕の考え的には人は2~3年同じことを何の工夫もなく続けると、慣れから飽きが来て、退職につながる人が少なからずいるんですよ。もう飽きたなとか、やりきったなと思うと、多くの人は自分で工夫がなかなかできないですね。だから工夫を意図的につくれる仕掛けが必要かなと思ったんですね。

小籔　仕組みをつくる、仕掛ける、という経営者の出番ですね。

嵜本　そうそう、だから社内公募など手を挙げられる制度をつくりました。あとは今ちょっとずつ進めているんですけど、副業解禁となっても多くの人は副業をやらないですよね。なぜかというと、例えば副業で週5日勤務が週4日勤務になると、年収が20%下がります。だから、よほど能力が高い人じゃないと実行するのは難しく、副業はほぼできないということがわかりました。それならばと、社内副業制度として立ち上げたのが、社内デュアルキャリアです。社内の二つの部署でAという仕事とBという仕事をしてもらう。週1~2日こっちのBという仕事にリソースをさいても給料は変わらない。でも、能力や経験は増え、本来のパフォーマンスも絶対的にあがるんです。いま買い取りを担当する人と販売を担当する人のトレードも始めています。将来的にこうした施策が定着したら、会社のPRにもつながると考えています。

小藥　本当にそうですね。バリュエンスの独自のカルチャーですが、それが個性になり、会社のPRにもつながる。個人も会社全体も価値が上がる施策ですね。

嵜本　遅ればせながら、やっといろいろとわかってきたんです。名称を変えても、すぐに自分ごと化できるわけではなく、やはり仕組みが大事だなと思い、そこにフォーカスしているんです。

小藥　お話を伺っていて、水が流れる道をつくってあげるイメージなのかなと思いました。どんどん先に上に行かれながら。

嵜本　そうですね。背中をちょっと押してあげるとも言える。やってみて、と。

小藥　デュアルキャリアを社員に推進することで、ビジネスパーソンとしてのバリューもそうですが、生きていく上でのバリューも上がる体験の提供になっている。バリュエンスという社名がここにまたつながっていきますね。

嵜本　おっしゃる通りです。ただこれまでにない考え方ですから、どういうこと?みたいな感じになるわけです。今ちょっとずつ成功事例をつくっている訳ですが、良かったことをシェアし始めるようなことが実際出てきていますよ。

嵜本晋輔さんは同い年の最も尊敬できる経営者。
コロナになりオークションはリアルではできなくなった。歴史的な円安を迎えた。
そのどれもを乗り越えられたのは、
常に先の先を見越して先手を打っていたからだと思う。
常に今に甘えず疑う。未来にボールを置く。
お話をしていると、価値という言葉がもっと大きくて深いものに聞こえる。
物の価値。投資の価値。体験の価値。今の価値。お金の価値。命の価値。
世界は価値という言葉で人間を問うているのかもしれない。
リユースという概念を超えた新しい名を、
世界に晋輔さんがつける日も近いはずだ。

小藥元

INTERVIEW 2

「授かり」と「導き」から生まれたブランド名と理念

松場登美

PROFILE

「石見銀山生活文化研究所」相談役
「暮らす宿 他郷阿部家」竈婆《かまばあ》
松場登美

まつば・とみ
1949年三重県津市生まれ。
1981年夫（松場大吉）のふるさと島根県大田市大森町（石見銀山）に帰郷、夫の実家・松場呉服屋の片隅で、布小物の製造・販売を始める。1989年江戸時代の商家を改修し、店舗をオープン。以来、夫と共に数軒の古民家を改修し、生活文化交流の場として活用している。石見銀山で暮らし、仕事をしていく中で、田舎暮らしの美しい文化を伝えていきたいと考え、1998年石見銀山生活文化研究所を設立。ライフスタイルブランド「石見銀山 群言堂」として、全国の百貨店などで展開。また20年以上の歳月をかけて改修した築230年の武家屋敷「阿部家」を、古き良き時代の良さを大切にしながらも、新しい価値観を提案する暮らしの場として、古民家宿「暮らす宿 他郷阿部家」の営業を行いながら、現在は繕いデザイナーとしても活動の場を広げている。

古き良きものから、次の未来を見据える「復古創新」という言葉

小藥　以前に群言堂さんが運営する、武家屋敷を再生した宿「暮らす宿 他郷阿部家」にお伺いさせていただいたときに、「復古創新」という理念を知りました。その理念を聞いたとき、登美さんが言葉を「書いている」というより、「名づけている」という感覚を持ったんです。それはどういうことかと言うと、名札と同じように「群言堂」というブランドにピタッと言葉がくっついている。額装された飾りものの言葉やポスターに書かれた美しいフレーズということではなくて、「群言堂」というブランドや心にピッタリ寄り添っている、むしろ同化していると思ったんです。それが自分にとっては、初めての感覚でした。

あらためて振り返ってみると、群言堂さん、その中心にいる登美さんがつくってきた

言葉の力ってすごく強いなって。そこで、群言堂さんにまつわる言葉たちのお話を聞いてみたいと思ったんです。最初に「群言堂」というブランド名がどのように生まれたのか、教えていただけますか。

松場　はい。私は、よく「授かり」という言葉を使います。自分たちが「すごい努力して考え出した言葉」というよりは、「ひょいと授かった言葉」という表現が合っているのかなと思います。

「群言堂」というブランド名のきっかけをつくってくれたのは、島根大学に来ていた中国からの留学生の方。うちに一カ月くらい滞在することになり、日本語はたどたどしかったけれど、漢字を書けるので意思疎通ができたんです。当時、うちにはしょっちゅういろんな人が集まってはお酒を飲んで、談議をしたりしていました。その様子を見た彼が、中国ではこういうことを「群言堂」と呼ぶのだ、と教えてくれたんです。詳しく聞いてみると、「群言堂」というのは字のごとく「群れの言葉の堂」だから、みんなが輪になって好きなこと言いながらも、その中で一つのいい流れをつくっていくことだ、と。その言葉と相反するのが「一言堂」で、権力者やカリスマ性のある人が上からものを言うことを意味すると。それを聞いて、ますます「群言堂」っていい言葉だねとなって…。そもそもは、みんなに開放している、文明を排除したロウソクのお家を「群言堂」と名づけたんです。その後、私たちのものづくりの方向性が変化していくなかで、新しいブランドを立ち上げるときに、「あ、群言堂っていい言葉だったよね」と思い直して。「群言」という語呂もなんかいいじゃないですか。それでなんの迷いもなく、新しいブランドを「群言堂」と名づけました。

小藥　中国に元々あった言葉なんですね。登美さんたちがやってきたこと、大事にされていることが、その方を通してつながったんですね。

松場　そうです。ひょいと言ってくださったことを、ひょいと拾い上げて使わせていただいた、という感じなんです。深刻になって、深く考えたわけではなくて。

小藥　それ以前のブランド名は？

松場　BURA HOUSE（ブラハウス）。

小藥　この名前は、どんなふうに決めたのでしょう？

松場　まだ私たちが20代後半から30代前半の頃で、それこそブランド名に濁点がついていたり、「なんとかハウス」が流行った時代。名古屋で暮らしているときに、家庭用の簡易印刷機でチラシを刷って、近所に配ってガレージセールをして生活費を稼ごう、と夫とともに商売を始めたんです。何か名前があったらいいねと話していたとき、たまたま見た『ａｎａｎ』に「フィジー諸島では『やぁこんにちは』という軽い挨拶を『ブラ』という」と書いてあったんです。これ、いいねという話になり、「ブラハウス」に決めました。

のちにこのロゴを使って包装紙やラベルをオリジナルでつくっていたのですが、あるときお客様から「わざわざ注釈まで書いてあるけど、スペルが間違っているよ」という指摘があって（笑）。「ＢＵＲＡ」と書いてあるのですが、本当は「ＢＵＬＡ」。それぐらい私たちっていい加減なんです。でもね、文字にしたら、ＬＡよりＲＡのほうが可愛かったんですよ。

小藥　ＬとＲでは確かに印象が違います（笑）。その後、（ご主人の故郷である）島根に移られて、群言堂を立ち上げたんですね。

松場　私はファッションの業界で働いたこともなければ、デザインの勉強もしたこともないのに、こんな田舎でブランドを立ち上げたのは、市場に売られている服に欲しいと思うものがなくて、それなら自分でつくろうと思いました。そして、西洋の服は肩パッドを入れてブラジャーで胸を持ち上げて、ウエストをコルセットで締め上げて身体を矯正して美しく見せるけれど、着物は肩縫いとかおはしょりで着物のほうが着る人の成長や体形など身体に合わせてくれるという融通の利く衣類。そのことを本で読んだ時に、私は「融通が利く」というのは一番素晴らしい考え方だと思ったんです。いまでこそたっぷりしてリラックスした服をよく見るようになりましたけど、私がつくり始めた当時は、マタニティウェアみたいだね、こんなの服じゃないねと、いろいろ批判も受けました。でも、土地に根ざし、捨てられていく古き良きものから学び、時代に合わせて生かす「復古創新」という言葉を知って、西洋の真似をするんではなくて、自分たち独自の文化の中から何かが生まれるのではないかという予感や期待がありました。

小藥　「復古創新」は、どのように見つかった言葉だったんでしょうか。

松場　これはね、やはり授かりで、私の最年長のボーイフレンドが授けてくれたんです。

小藥　ある日いきなりですか？

松場　そうです。彼が陶板に、この言葉を焼いてプレゼントしてくれたんです。もう今から30年くらい前かな。「新聞であなたのこと読んだけど、自分が開発しているホムト図形っていうコンピュータのグラフィックスが役に立つから、お友達になりましょう」というご連絡をいただいて。その方は富士通の取締役から広島工大の名誉教授になられた、すごいユニークな方だったんですね。その方が「復古創新」という言葉を、私に授けてくださったんですよ。

小藥　登美さんや群言堂さんの活動を見て、こういうことじゃないの？と言語化してくださったということですか？

松場　そうです。私がやっていることは「こういうことだね」とおっしゃってくださった。そのとき、ありがたいなと思ったけれど、当時は訳もわかっていなかったし、ましてや会社の理念に取り込むなんて思いもしなかった。

小藥　「復古創新」の大きな成果としては「他郷阿部家」をはじめとする古民家再生ですね。活動に理念が通じていると思うんです。

松場　「他郷阿部家」にいらっしゃるお客様の中には古い昔を思い出して「懐かしい」と言ってくださる方もいますが、私たちは民芸調の空間をつくり、古い暮らしを守ろうと思っているわけじゃないんです。古き良きものの中から本質のいいものを学んで、新しき次の未来を見据えてものをつくる。よく「伝統とは革新の連続の結果である」と言われますが、それこそが「復古創新」という言葉の意味だと、私は思っているんです。「他郷阿部家」は古き良きものを残しつつ新しきものも入れている、非常に未来的な空間だと私は自負しているんです。
私たちが暮らす石見銀山が世界遺産になったとき、以前から親交のあった大学の教授がこんなことをおっしゃったんです。「せっかく世界遺産になったんだから、そんじょそこらの世界遺産じゃなく、アンチファストフードに端を発して、イタリアの小さな村から世界中にスローフードという言葉が広がったように、世界標準になるようなライフスタイルを発信して欲しい」と。その先生はかつてご著書で群言堂について「石見銀山のライフスタイル産業」と書いてくださった。単なるファッション産業じゃなくて、ライフスタイル産業。日本語で言うと「生き方産業」だとまでおっしゃってくださった。それで私は、理想のライフスタイルを表現するために宿泊施設の事業をスタートさせたんです。いつも言っている「衣食住美」という言葉どおり、阿部家を通して表現したいと思うようになったんですね。

小藥　いま世の中には、似たようなものが溢れているじゃないですか。機能的な価値の違いはほとんどないので、どうしても価格勝負になってしまう。そうした時に、表面的な差別化の手段として、名前やデザインをどうにかするという話になってしまいがちです。でも、他のブランドと群言堂さんの違いが何かと言ったら、考え方や美意識が言語化されていて、全部につながっているということ。活動の背筋がピンとしているような感覚です。また単につながっているというより、むしろつながりはじめてしまう、ということだと感じています。

松場　ああ、やっとそうなってきたように思います。

小藥　「復古創新」という言葉があって、古民家再生が始まり…。登美さんとしては、元々のご興味から自然につながっていったと思うんですけども。言葉に引っ張られていくというか、背骨がしっかりして、それによって企業の活動がよりクリアになっていく、ということが、群言堂さんにはあるような気がして。

松場　私はよく導かれるようにここまで来た、と話しています。

小藥　授かりと導きですね。

松場　導かれて、気がついたら今になっていた、という。経営者としては非常に怠慢な気がして申し訳ないんですけど。でも本当に「導かれるように」というのは、ひょんな出会いから名前をつけたり、いろんな人との出会いの中で新たな学びがあったり、新しい情報が入ってきたり、そんな中で探り探り、いまに至っている、そんな気がするんですよね。

何においても「根っこ」が大事

松場　「他郷阿部家」の立ち上げにあたって、阿部家の蔵を片づけていたら、そこから出てきた昔の縞帳に「阿部登美」という、私と同じ字の名前の人がおられたんですよ。

小藥　同じ漢字ですか。

松場　漢字も一緒。「とみ」という名前には富士山の「富」を使う人は多いんだけど、「登るに美しい」はそんなにいないんですよね。でも同じ字の登美さんという人が、100年以上前にあの家にいらっしゃったんですよね。だから私、呼ばれてきたんじゃないかと、不思議なもんだなぁと思って。

小藥　やはり登美さんは、多くのことが何かに導かれていますね。不思議なご縁のようなものが溢れている。群言堂さんの中で、他に大切にされている言葉はありますか。

松場　「根のある暮らし」、「根っこ」という言葉はよく使いますね。私たちが住む島根にも「根」という字がありますし。切り花は華々しいかもしれないけど、根っこがないからいつか枯れてしまう。でも根っこさえ持っていれば、いつか自分たちらしい芽を出して、花を咲かせて実をつけることができる。そう考えて、「根のある暮らし」をずっと言い続けているんです。人間は芽が出た、花が咲いた、実がなったと、地上に出たものばかり見るけれど、実はその根っこが力を持っていて地上のものを支えているということを、みんなあまり認識していないんですよね。目には見えないけれど、地上のものに養分を与え、支えているのは、根っこなんですよ。

私は文化や伝統、昔ながらの知恵や価値観などをひっくるめたもの、それこそが根っこで、自分たちのものづくりのルーツになっていると思っています。ファッション業界は新しいものをつくることやオリジナリティを大事にしますが、オリジナリティは元々「根差している」という意味を含んでいると、どなたかの言葉で知りました。だから、文化や伝統、昔ながらの知恵などの、価値観に根差していることこそオリジナルである、と。私は流行のものを見ることもない、雑誌一つも手に入れられない地域に住んでいながら、ものづくりを始めたわけですが、自分たちの活動はこの地域だからこそ独自性のあるものづくりができたのだと思います。

私が「根っこが大事」と言い続けてきたので、若いスタッフたちもその言葉を使うようになってきました。「根のある暮らし」は、いま会社の社是になっています。それから、娘たちが「根のある暮らし」という言葉から『根々』というブランドを立ち上げたり、この地域にある植物をコンセプトにした『Gungendo Laboratory』というブランドをつくったり。ただ今後は、一つの『群言堂』になっていきます。『群言堂』というのは、元々一人のデザイナーがやっているんじゃなくて、みんなでワイワイやってつくり上げる世界だから、もうブランドは一つでいいんじゃないかっていうことになったんです。

小藥　「根のある暮らし」というのも、社是をつくろうと思ってつくったわけではないんですよね？

松場　そうですね。

小藥　ご自身たちの考えや思想、行動が、あるタイミングで言葉と自然なかたちで出会って、これを社是にしましょう、みたいな。順番がとても独特でチャーミングです。

松場　結果的にそこに収まったぐらいの、そんな感じですよね。

小藥　確実にそれもまた、群言堂さんのカルチャーを支えている言葉ですよね。登美さんは「言葉を書いている」のではなく、「授かっている」とおっしゃっていましたが、ある意味、言葉に「出会って」いるとも言えますね。一生懸命考えて、汗かいて頑張って言葉を書いている感じでは決してない。

松場　全然そうじゃなくって、ちょっと、ピッと（頭の斜め上を指さして）なにかとつながったな、という感じ（笑）。

小藥　「根のある暮らし」という言葉にも島根の「根」という言葉が入っているじゃないですか。言葉の含みが結果的にできている。なんだろうな、出会い方が不思議だなと、あらためて思います。無理をしていない、背伸びをしていない、言葉が向こうからやってくる。そんな感じです。だからこそすごく自然で、群言堂らしくピタッとはまっているのかもしれません。

松場　私がここに嫁いだとき、いろんな事情があって、あまり歓迎されない嫁だったのですが、親戚のおじさんが「草の種は、たとえ落ちたところが岩の上であっても、根を下ろさなければならない」という厳しい言葉をくださったんです。「根」という言葉がそこにあったことで、私の中にここに根を下ろそうという意識が生まれたのだと思います。そこが岩の上のような厳しい場所なのか、自分を育ててくれる豊かな土壌なのかは、結局自分の心持ち一つだなと思うようになって。何十年か経って、いまのような楽しい人生がここに展開されるとは、当時は思ってもみませんでした。そして、最初は厳しい言葉だと感じたけれど、いまは受け止め方が全然違って、すごい励ましの言葉だったな、と思えるようになったんですよね。

小薬　「復古創新」「根のある暮らし」といった言葉が、いまや会社の理念や社是になっているわけですが、社員の方たちにとって言葉はどういう存在になっていると思いますか。

松場　彼らが働くうえで目標とは言わないけれど、進むべき方向を示しているんじゃないかなとは思いますね。

小薬　そうですよね。コンパスであるし、背骨な感じがする。

社員　判断しなければいけない時などに、それを軸にします。

松場　らしいです（笑）。

小薬　多くのブランドは、売れるモノを優先させていき、流行りに振り回されながら、その都度消費者の顔色をうかがったメッセージを発していく。けれど、群言堂はそういうことなくブレない。

松場　ここが経済とは無縁のような地域で、比較するようなものも無かったことも大きいですね。だから、独自性が生み出されたと私は思うんです。経済的には非常に厳しかったのですが、私は常に自分たちのものづくりで「世に問うてみたい」と言い続けてきました。

というのも、若い時から世の中の流れと自分の考え方や価値観が、どうも違うように感じてきたんですね。世の中で起こっていることや売れているものが本当にそうなんだろうか、っていう疑問がある。だから、私にとって商品は、世の中に対するリトマス試験紙のようなものなんです。「こういうものってどうですか」と差し出すことで、そこでどういう反応が生まれるのかを確認する。そこのところをすごく気にして、これまでものづくりをしてきました。

私は服をつくる時に「着て楽（らく）、見て楽（らく）、心が元気」と、いつも言っています。というのも、そういう服が着たいと自分は思っているので。だから流行がどうだとか、あまり関係ない。天然の素材を基本とし、国内縫製にこだわっているのも、そこに理由があります。なぜなら、日本は独自の文化を持った国ですから。日本のアパレル産業において、国内縫製はたった2パーセントしかないんです。98パーセントは海外生産で、安いコストでつくっている。だけど、「それはどうなんですか?」ということを、私はずっと問い続けているんです。じゃないと、自分たちのアイデンティティー、日本という国がもうほんとに消滅しちゃうんじゃないかという危険性さえ感じるんですよ。

でも、そういう状況にあっても、日本人独自の感性みたいなものは無くなったわけではなくて、みんなどこかに持っているもので、そういう情報から解き放たれたときにはきちんと発揮されるんです。

あるとき、ご家族と一緒に阿部家に来られた大学生の女の子が台所に入った瞬間に、「初めて見るのになつかしい」と言ったんです。そういう感性を持った若い人たちに、私は文化などの大切なことを伝えていきたいと、ずっと思っているんです。

足元にある名前

小藥　ちなみに、古民家を再生した宿の名前『他郷阿部家』『只今加藤家』（２０２３年２月末で営業終了）はどのように決まったのですか。

松場　古民家を再生したときは、その家に元々住んでいた方たちのお名前を使いました。例えば阿部さんのお家だから『他郷阿部家』、加藤さんのお家だから『只今加藤家』というように。いま新たに一軒再生しているところは「福富家」で、そこは昔、「地頭所」と呼ばれていたところだから『地頭所福富家』にしようかな、とか。ちょっと言葉を加えますが、その家の歴史や元の持ち主の方の名前を消さないというのが私の考え方です。

小藥　そこも素敵だなと思うんです。普通であれば、何か表現をしようと思って、新たなオリジナルブランド名にしてしまいます。そこに対して添えるというか。根を大事にされる。それがまた「群言堂らしさ」なんですよね。

松場　歴史を紡いでいくなかで、そこはやはり消しちゃいけないと思うんです。加藤家も、「只、今」ということと「ただいま」と帰ってくることを掛けて、「只今加藤家」という名前にしたり。阿部家は、「他郷」というもう一つのふるさとという意味も含めて「他郷阿部家」。

小藥　そういう名前を思いついた時、どなたかに聞いたりするんですか。これいいと思う？って。

松場　「他郷阿部家」の「他郷」は、中国出身のうちのスタッフに教えてもらった言葉です。歴史のある国だから、いろいろと面白い言葉があるんですよ。群言堂も中国の方に教えてもらったし。彼女が言うには、旅先であたかも、家族に迎えられたような「人生の喜び」を、中国語では「他郷遇故知《ターシャーイーグージー》」と言うんだよ、と。その「ターシャー」を日本語にすると「他郷」で、上の「他郷」だけもらっちゃうね、と言って、その場でピッと生み出した言葉です。

小藥 また意味がつながっちゃいました。

松場 なんでもひねりすぎると良くない。手数をかけるほど、人間の作為が働きすぎて、つまんなくなっちゃうと、私は思っているんです。子どもの絵ってすごいでしょ。なぜなら、子どものエネルギーにはあまり作為が無いから。それに近いものを、ピュッと頭の中から出してみる。私は頭も良くなくて、センスも無いから、それがちょうどよくて幸せだと思うんですよ。

小藥 いえいえ、センスがあるところに着地していることがすごいです。

松場 新たにつくっている『福富家』もそれこそ授かりだと思うことがありました。ある人の紹介で、三重県の愛農高校というところとつながって。この学校では、戦後に高い志を持った創設者が、「愛農かまど」というかまどを考案したんです。そのかまどがあるといつでも簡単にご飯が炊けるから、いろいろ人には勧めてきたのに、自分が持ってなかったんです。そうしたら、愛農会の方が来てくださって、福富家にかまどをつくることになりました。

小藥　どんどん転がっていくのが面白いですね。

松場　そう。だから、お金のことを考えてないね、とよく言われるけれど、たぶんお金のことを考えたら出来ないことばっかりだったんですよ。群言堂の本店をここにつくるときも然り、阿部家を改修することも然り、もう全てお金のこと考えたら採算が合わない（笑）。出来ない、みんなそこであきらめる。でも、その計算が出来ないってところがまたね、実は強みだったんじゃないかと思うんです。

小藥　転がっていくし、つながっていくし、廻っていくし、というような。

松場　そうなんです、廻ってくるんですよ。でも、それすごく本質的なことじゃないかなと思って。昔話なんて、みんなそういう話じゃないですか。だから、時代が変わっても、そういう廻り合わせというか、そういうものは変わらないんじゃないかって気がします。

小藥　登美さんの話を聞いていて思うのは、すべてが「そこにあるもの」という感じがしますね。

松場　そう。必要なものは全て足元に授かっている、と私は思っているんです。世の中の多くの人はそれに気がつかずに、遠くにいいものがあると思って、探して探して疲れ果ててしまうということになりがちだと思うんだけど。島根に来たとき、姉たちからは「お前はもう好きなことをやり過ぎているから、バチが当たって石見銀山に国流しだ」と言われて。ここは当時は廃墟の町だったので、昔の島流しのような言われようだったんです。でも、住み始めたときから、私はこの町が好きでした。いわゆる世間の評価というのは、あんまり私に合わないんです。よくよく考えると、これまでずっと世の中の人が「価値が無い」と見捨てたものに、喜びを見つけたり、楽しみを見つけてきたというか。何人もの人が「いらない、住まない」と断った「福富家」も徐々に素敵になってきたし、これからつくり込んでいくのを考えるとワクワクします。

無理をして背伸びをして、言葉やデザインを捻り出すのは苦しい。
嘘つきとは言わないけれど、洋服のサイズがあっていないような、
本当は似つかわしくないような。
ということが、群言堂にはない。それが羨ましくもある。
やりたいことがある。芯がある。自分がある。
すると言葉が向こうからやってくる。
あるいは気づいたら足元に落ちている。
言葉が出会いを待っていたかのように、群言堂と重なる。
書くものではなく、そこにあるもの。
大きな学びを登美さんからいただき感謝しています。

小藥元

INTERVIEW 3

言葉があることによって、人間が「人間」になる。建築が「建築」になる。

手塚貴晴・手塚由比

PROFILE

手塚建築研究所
手塚貴晴・手塚由比

てづかたかはる・でづかゆい

OECD(経済協力機構)とUNESCOにより
世界で最も優れた学校に選ばれた「ふじようちえん」をはじめとして、
子供のための空間設計を多く手がける。
近年ではUNESCOより世界環境建築賞(Global Award for
Sustainable Architecture)を受ける。
手塚貴晴が行ったTEDトークの再生回数は2015年の世界7位を
記録。国内では日本建築学会賞、日本建築家協会賞、
グッドデザイン金賞、こども環境学会賞などを受けている。
手塚由比は文部科学省国立教育政策研究所において
幼稚園の設計基準の制定に関わった。
現在は建築設計活動に軸足を置きながら、
OECDより依頼を受け国内外各地にて子供環境に関する
講演会を行っている。その子供環境に関する理論は
ハーバード大学によりyellowbookとして出版されている。

名前になる手前の言葉が、あらゆるものを動かしていく

小藥　手塚貴晴さん、由比さんとは、「オバッタベッタ」「瀬戸SOLAN小学校」などで一緒にお仕事をさせていただきました。建築という長いプロセスにおいて、僕が名前をつけるのはかなり後半の段階。でも、そこで名前がつくことによって、建物に命が吹き込まれることがあるのではないかと思っています。これまであまり意識されたことはないかもしれないですが、建築家にとって名前とはどういうものなのか、今日はお伺いできたらと思います。

手塚（貴）　正直な話をすると、私は建物の名前なんかどうでもよくて。

一同　（笑）

手塚（貴）　小藥さんが名前を提案してくれたら、私はもう「それで良いんじゃないですか」としか言いません。なぜかと言うと、すでに小藥さんを選んで、依頼をしているわけですから、私が何かを言う必要はない。そして、どんな名前にするかという以前に、

るからです。

「こういうことですよね」と小藥さんと一緒に話をするプロセスを何よりも重視してい

例えばレストランに行って料理を頼むとき、シェフにあーだこーだと注文しないでしょう?もうその店を選んだ時点で、料理の中身は決まってしまっているわけですから。そのプロセスで一つ面白いと思うことがあって、小藥さんが料理しているときに僕は横に座らせてもらえる。だから、「あぁ、なるほど。こういう方向に行くのかな」ということが理解できるし、羅針盤のように僕らの心もちゃんとその方向に動いていく。そういうプロセスを共有できることが、とても大事だと思うんです。瀬戸SOLAN小学校では、『ジブン発、セカイ行。』というコンセプトワードを小藥さんがつくってくださいましたが、その言葉があることで「あ、なるほど。こっち向けばいいんだ」ということが見えてきました。コンセプトなどを1人で考えていると、だんだん自分の世界に入りこんでいってしまうのですが、小藥さんのような人がいることで、言霊が外と会話を始めるんですよ。

小藥　手塚さんとしては、作品の名前よりも、その手前の方がはるかに重要だよということですよね。手前がちゃんとしていれば、名前なんか後からついてくる。

手塚（貴）　そうそう。怒られちゃうかもしれないけれど、「ジブン発、セカイ行。」というスローガンは実はどうでもよくて。それが生まれるまでに小藥さんと交わされた言霊のやり取りの方が大事。それが頭の中に入って、私の中で消化されるという、そのプロセスが私にとって大切なんです。

小藥　小学校に名前をつける機会なんて滅多にありませんから、僕にとって貴重な機会でした。普段の仕事では、いまある商品の名前やデザインを変えたいという、すでに「あるもの」をどうするかという依頼も多いんです。けれど、建築というものは基本的にゼロから生み出す作業。自分がそこに関われることはエキサイティングでしたし、同時にすごく頭を悩ませました。

手塚（貴）　それが、プロセスに入るということなんです。絵を描かないけれど、言葉がものを動かしていくんですよ。

小藥　それにしても手塚さん、ものすごくたくさん文章を書きますよね。SNSやホームページを拝見していると、文の圧と長さがもう異常値です。

手塚（貴）　多分ひと月2万字以上は書いていると思います。というのも、字を書かないと落ち着かなくて、頭の中が整理できないんです。今日は起きてから、すでに3000字くらい書いたかな。電車の中でも書いている。朝起きて寝るまで1時間でも

言葉があることによって、人間が「人間」になる。建築が「建築」になる。

時間があると、だいたい2000字くらい書いてしまうんです。書くことによって、言葉が自分を導いてくれるんです。お経を読んでいると心がきれいになっていくように、書いているとまとまっていくんですよね。あともう一つ、私はピアノを弾くのですが、ピアノも弾いていると、ものごとがまとまってくるんです。

小薬 毎日の文章は、仕事だから書かざるを得ない、というものではないですよね？でも、書かざるを得ない…。

手塚（貴） 本当に文章は書かざるを得ない。朝起きて、書き始めたらもう止まらない。止められると、ご飯を食べる途中で半分残していなくなったみたいな気分になります。

手塚（由） まず朝に1回出さないと、っていう感じなんですよね。

手塚（貴） 話を戻すと、「オバッタベッタ」にしても、「瀬戸SOLAN小学校」にしても、最初に自分でも長い文章を書いているんです。最初は自分の頭の中に入っているだけだった文章が、気が付いたら小薬さんという封筒に入って、名前やコンセプトという文章としてまとまって、世の中にちゃんと送り出されていく。小薬さんと一緒に仕事をしたことで、「なるほど、こうやって世界へ飛んでいくんだ」ということがよく見えるようになりました。

こんな言い方をすると怒られるかもしれないけれど、僕にしてみれば小薬さんがつくるコピーや名前は、封筒に最後に貼る「小薬シール」みたいなものなんです。小藥さんがいなかったらまるで出せなかったラブレターみたいに、自分が書いた文章はそこから先、どこにも行かなかったわけですから。いつかシールは剥がれるかもしれないけれど、そのプロセスの中で交わされた言霊はきちんと残ります。そういう意味では、小藥さんがやってくれていることはラブレターのシールみたいなことなのかな。

だけどね、これをやらないと世の中とつながらない、だからとても大事なことなんです。先日、インドでお坊さんと議論したときに、人に教えるときには3つの段階がある、という話になりました。一つはティーチング。相手に対して教える。つまり人に対して何かを与えることですが、それは単なる知識や情報でしかない。その次の段階がダイジェスト。自分の中で消化して、自分の血となり肉となるもの。3つ目の段階はシェアリング。言葉どおり、外とシェアすること。私の場合で言えば、人から与えてもらい、それを消化するところまでは建築という形でシェアリングできるけど、それ以上はシェアリングできません。その時に外の人に対してシェアリングできる形にコンバートしてくれるのが、実は小藥さんのような人。私が交流の電圧を発しているのを直流に直して12Vにして、ちゃんと充電できるようにしてくれる。そんな感じです。

コンセプトは「つくり出す」ものではなく、「掘り出す」もの

小藥　手塚さんたちの他のお仕事でも、同じプロセスですか。越後松之山の科学館「キョロロ」は、どのように名前が決まったのでしょうか。

手塚（由）「キョロロ」は、公募でした。でも、しっくりきましたけどね。

手塚（貴）　あれは良かった。

小藥　そういうところが、名前の不思議なところです。なんでもいいといいながら、ついてしまうとそうとしか思えないところがあるじゃないですか。「しい君（手塚さんの息子さん）」はしい君」ですし。うちの子も今の名前以外の名は絶対に考えられません。「オバッタベッタ」も「オバッタベッタ」としてすでに生きて、愛されて、育っているので、この名以外はもうありえないと思える。生まれる前は無数と思える選択肢があったはずなのにです。これが不思議だなといつも思います。

手塚（由） 不思議ですよね。

手塚（貴） 名前と言えば、先日、面白いドキュメンタリー映画を見ました。ヒマラヤの山麓に孤児院を開いた僧侶と「タシ」という女の子のドキュメンタリー映画（邦題「タシちゃんと僧侶」）なのですが、ご存じですか？ ２０１６年にエミー賞を受賞している映画です。その中で名前に関する強烈なエピソードが出てくるんです。

主人公のタシちゃんはお母さんが亡くなった後、アル中のお父さんにほったらかしにされて辛い思いをしてきた女の子。叩かれることしか知らないから、孤児院に来たとき、もう暴れることしかできない。そして、自分の名前が言えないんです。なぜなら、自分の名前は恥ずかしいと思っているから。でも、孤児院で僧侶や他の子どもたちと関わりをもち、周りの人たちを受けいれるようになり、最後に「私の名前は、タシ・ドロワだ！」って叫ぶんです。彼女にとって自分の名前と自分の人格が、初めて一つになった瞬間です。名前に自分の人格がくっつかず、どこか浮いていたけれど、僧侶の教育によって一つになった瞬間に、自分の名前を堂々と叫ぶことができたんです。

小藥 名前と人格が一つになる。

手塚（貴） この映画を見ると、やはり言霊はあるなと感じます。言葉があることによって、人間が「人間」になったのだと思うんです。言葉が人を育てることもあるし、人が言葉に寄り添うこともある。言葉や言霊がなかったら、手塚は「手塚」であり得ない。私たちの建築には文章がたくさんついてくるんだけれど、やっぱり言霊があることによって建築が「建築」になる、と僕は思っています。そうじゃなかったら、建築じゃなくてただの建設物になってしまいます。だから言霊はとても大事なもの。ただ言霊は自分のものでしかないから、それをちゃんと封筒に入れて切手を貼って、ラブレターにして送り出してくれる人が必要になるんです。僕が一緒に仕事をさせていただいているクリエイティブディレクターの佐藤可士和さんも小藥さんも、ただ次に渡すという流れ作業ではなく、一緒に話したり、一緒に歩いてくれる。それでお互いが見えてくるから、一緒にラブレターを世に送り出すことができる。

手塚（由）　それは、コンセプトを一緒に見つけていくみたいな感じですよね。私たちの中ではコンセプトは「つくり上げる」というより、そこにあるものを「掘り出していく」「見つけていく」という感じに近いんです。見つけていくプロセスに言葉があると、よりクリアに掘り出すことができます。

小藥　普段のお仕事だと、建物に名前が決まるのは最後ですか？

手塚（由） 最後ですね。

手塚（貴） 私たちの建築作品にはすべて名前やキャッチフレーズをつけていて、みんな名前を面白がってくださるのですが、あれは先につけているわけではないんですよ。とはいえ、最後に考えるわけでもなく、つくっている間はずーっと考えているんです。「ああ、こうだったね」と振り返ったり、「そうだ！」とひらめいたりしながら、そのプロセスの最後につける。

手塚（由） 発表する瞬間にやっとつける、みたいな。

手塚（貴） すごく悩むんですよ。だけど皆さん、僕らがつけた名前を覚えてくださっていますね。

小藥 逆に言えば、建築と世の中の人との接点、取っ手となるものはそこにしかないんですよね。「軽井沢の山荘」「手塚さんがつくられた家」ということじゃなくて、例えば「屋根の家」という作品名だったり、その建築が持つ固有の名前ではじめて認識される。「渋谷のあの高層ビル」ではなく「フクラス」として認知されるし、それがないとおそらくただの建設物なのかもしれません。

手塚（貴） 他の名前と同じじゃいけないしね。

手塚（由） もうキャラクターですね。

小藥 お話を聞いていると、建築家というのは思想の塊だなと感じます。

手塚（貴） 世の中って、建築家は建設物をつくるだけだと思っているから、そういうことを期待しないいんですよ。私としてはそうじゃないと話しているのですが、なかなか伝わらなくて。それから「あとで小藥さんを入れれば、この建物がちょっと売れるような名前がつけられるよ」じゃなくて、もう少し前に入っていてもらわないと困るんです。

小藥 僕の仕事の多くは、クライアントさんが伝えたいことを伝わる言葉に変換する必要があります。そのときに何を伝えたいのかをクリアにすることは非常に重要です。彫刻を削っていく、大切なものを絞っていく作業とも言えます。ですが、名前を開発する場合は自由と言えばそれまでですが、絞る以前に色んな可能性が様々な方向からある。そんな中、例えば「オバッタベッタ」「瀬戸SOLAN小学校」という名前に気持ちよく全員を着地させなきゃいけないのはなかなか大変で。だからこそ、手前でコンセプトや太い幹の言葉がつくれたら「これしかないよね」となっていく可能性が高まるというか、みんなが頷ける土俵を作れる。そういう意味で、言葉は非常に大切なんですよね。

手塚（由） それができるとやっぱりみんな「あぁ、そうだよね」みたいな感じになりますよね。みんなでイメージ共有できるのはやはり言葉の力ですよね。

手塚（貴） 建築においても、言葉って本当に大事なんですよ。人間って言葉なしに考えられないんだと思います。

小藥 そして名前は、建物でも人間でもかなりのアイデンティティーを占めるものかもしれません。

多くの人にシェアされるのは、みんなが「気持ちいい」と感じるもの

小藥 手塚さんたちが以前に書かれた著書『きもちのいい家』は、素晴らしいネーミングだなと思っているんです。思想の言語化という意味ではもちろん、その名前が手塚さんたちの旗印にもなっていています。建築の場合は特に雑誌や本を眺めるだけでは、その建

築家と会話したことにはなりません。そしてどんなコンセプトで作品をつくられているのか言語化されない限り、なかなか噛み砕けないでしょう。

手塚（貴）　あれ、私のネーミングじゃないんです。

小藥　あれ、違うんですか？手塚さんの言葉そのままだと思っていました。

手塚（由）　あれは別の方ですが、でも、一緒につかまえたという感じ。

手塚（貴）　かつて住んでいたロンドンから日本に帰ってきたとき、日本の都市って汚いな、なんでこんな日本になってしまったのかなと思って。そのとき「気持ちのいい住宅って、なんでないんだろう？」と思ったことが、その本につながっていますね。有田にある私の父親の実家・手塚商店は、すごく気持ちのいい家なんですよ。かつては気持ちのいいものをつくるって当たり前のことだけど、それを誰もやろうとしていなかった。なぜいまの街ってこんなのになっちゃったんだろうという疑問が湧いてきて。そして雑誌を見てみると、膨らんだ屋根やグーンと張りだした柱が載っていたり、いっぱいいろんなことをしているわけですよ。でも、それは誰も喜ばないし、それだとシェアできないんです。シェアするためには、みんなが気持ちいいものでなくてはいけない。

それを小藥さんの仕事で言えば、その言葉が心に響かなくちゃいけない。同じことですね、やっていることは。皮膚を通して耳を通して、心臓までちゃんと肉を通して送り届けなくちゃいけないから。そのためにはわかりやすい、消化のよい言葉じゃないといけない。だから、「きもちのいい家」みたいに、ありそうでなかった当たり前のことって大事だと思っています。変わった言葉を使えばカッコいい名前はいくらでもつくれるんだけど、基本的に平易な言葉を使うようにしています。なぜなら、そういう言葉のほうがシェアされるからです。自分の中で消化したものを人にシェアするときには、相手に対してわかりやすいことでなければシェアできないんですよ。

小藥　建築家にとっても、自分の頭の中にある思想の言語化をしながら、お客さんと握手できる言葉、シェアできる言葉が必要ですよね。手塚さんは毎回、つくる手前で言語化してクライアントさんと共有されているんですね。

手塚（貴）　それは、ものすごくやっています。「屋根の家」もそうだし、「ふじようちえん」のときは膨大な言葉を並べました。それから、今度取り組むインドの孤児院に関しては現地で4日間、議論を続けました。例えば微生物が人間にとってどういう意味があるのか、ユダヤ教はこうだけどイスラム教はこうで、ヒンドゥー教はこう違っていて…と宗教議論して。その中から教育の哲学の話が出てきて、最終的にはそれをどうやって形に落としていくかまで。その議論の中で、私が「Oldest architecture for the twenty second Century（22世紀で最も古い建築）」という言葉を出しました。建築をつくるときにスケッチをしないと形にならないのと同じように、先に言語化して、思想をつくることは大事なんです。いくら頭の中にあっても、人間というものは言葉と言霊ということでしか思想を形にできないんですよね。

小藥　「22世紀で最も古い建築」という言葉は、みんなが目指すべきことを一言で言語化したわけですよね。この言葉を見つけたとき、手塚さんとしては「当たったな」という手応えはあったんですか？

手塚（貴）　いや、私には見つけることができないんです。私の話の中で、お坊さんが「これがいい」と言ってくださったのが、その言葉。バイオファームや共生など、いろんな話を学生たちにする中で、「要はいま、古いものをつくればいいんじゃない。過去からの古いものはいまから先に残るとは限らない。だけど22世紀になっても古いものをつくるって大事だよ」という話をしたら、「そうだ、私は未来をつくりたかったけど、未来でも古いものが欲しかったんだ。やはり手塚さんのその言葉がいい」ということで、それがコピーになっちゃった。

小薬　そうやってできたんですね。

手塚（貴）　そうそうそう。やっぱり言葉があることによって。

手塚（由）　そこで共通のイメージを持つことができて。

手塚（貴）　問題はね、私の場合、一気にぶわーっと出てくるから、どれが良いのか自分ではわからないんですよ。

小薬　（笑）。そのどれも手塚さんですからね。

手塚（貴）　だから、きちんと封筒に入れてシールをつけてくれて、送ってくれる人が必要なんですよ。

手塚さん・由比さんと最初にお会いしたとき、
「ハウスではなくホームがつくりたい」とお話しされていた。
物には、物だけではなく、その物をつくる人がいる。
根幹の思想や価値観に強い共感があり、信頼や安心が生まれたことを覚えている。
建築はずっと残る。その偉大さをいつも思う。
瀬戸ＳＯＬＡＮ小学校もオバッタベッタも、
お二人のバトンを受け継ぎながら、
届ける相手へバトンを引き継ぐイメージを持っていた。
名前を書いたというよりも、つなぐ名前を考えたという感覚が近いかもしれない。
建築としての作品名でもあると同時に、
みんなの場所・みんなの名前にしなくてはいけないから。
そっちのほうが建築もきっと喜ぶにきまっているから。

小藥元

INTERVIEW 4

名前を拠り所に、手を動かしてたどり着くロゴのかたち

服部一成

PROFILE

グラフィックデザイナー
服部一成

はっとり・かずなり
1964年東京生まれ。主な仕事に、雑誌
『流行通信』『here and there』『真夜中』のアートディレクション、
「三菱一号館美術館」「弘前れんが倉庫美術館」のV.I.、
エルメスのイベント「petit h のオブジェたち」
「夢のかたち Hermès Bespoke Objects」のアートディレクション、
バンド「くるり」のアートワーク、
写真集・画集や文芸書のブックデザインなど。

最初に名前を聞いたときの違和感から考えてみる

小藥　服部さんは、自分の名前「服部一成」を屋号にしています。これって実は限られた方にしかできないことだと思っています。僕も「小藥元」として生きていきたいともちろん思っていますが、２０１４年の独立時に『小藥元事務所』ではなく『meet&meet』という屋号を掲げました。そのときに、服部さんにロゴやアプリケーションまでつくっていただいたのですが、自分というものに名前とはまた別のフェイスを持つというか、自分を拡大していく感覚がありました。

服部　独立時に、はじめは事務所らしい名前もいろいろ考えたんです。でも、あの頃みんなユニークな事務所名をつけていて、それになんか圧倒されちゃって。先に独立した青木克憲くんに個人名じゃない方がいいよと言われたんだけど、決められなくてやめちゃった。大きな会社にいた人は、独立して自分の会社をつくるという気持ちが強いのだろうけれど、自分としては「会社つくるぞ」という感じはあまりなくて、「ひとりになります」という気分だった。だから事務所に名前をつけて、それでガンガン行くのは違うのかなと思ってしまったんですね。でも今となっては、ものすごく使いづらい屋号で困っていますけどね。

小藥　服部さんのお仕事では、ロゴのデザインも大変多いと思うのですが。ある種すでに決まってしまっている美術館などの施設の名前から、何を抽出し、どのようにデザインを考えていくのでしょうか。

服部　すでに名前があるという時点で、絵を描くみたいにゼロからつくるわけではないですし、拠り所があるという意味では気持ちは少し楽かもしれません。もちろんデザインは大事だしロゴをつくるのはとても大変ですが、それよりも名前をつける方が大変なんじゃないかなと思います。

小藥　デザインのコンセプトは、どういうところから引っ張ってくるんですか。

服部　それぞれ違いますね。当然名前の存在は大きいです。ときに、この名前はちょっとどうかなと思ったりすることもあるけれど、基本的には名前を決める立場ではないことが多いので。

例えば丸の内にある『三菱一号館美術館』は、名前を聞いたとき、長いし、「館」と

三菱一号館美術館

MITSUBISHI
ICHIGOKAN
MUSEUM,
TOKYO

いう字が二つあるし、最初は少し変な感じがしました。そもそも三菱の本格的な美術館だったら『三菱美術館』じゃないのかな、と思ったり。でも詳しく話を聞いてみると、三菱が明治期から東京の丸の内を開発していった歴史の始まりがこの一号館で、老朽化で取り壊されてなくなっていた一号館の復元には尋常じゃない思い入れとこだわりがあることがわかってきた。

　創建当時の一号館で使われていた工法のレンガが今の日本では入手できないというので、わざわざ上海郊外にある工場に発注してそれを船で運んだり、日本中から腕利きのレンガ積み職人を集めて、レンガを一つずつ積んでいく……というように、部材の製造方法とか建築技術まで再現して、この一号館を可能な限り忠実に復元する、という話でした。丸の内は、まずオフィス街として整備され、近年は商業施設を充実させて華やかになった、そこにいよいよ本格的な文化発信の拠点をつくる、それがこの美術館であると。そういう話を聞いて、なるほど、そうするとこれはやはり『三菱』『一号館』『美術館』なんだな、この名前に大事なことが凝縮されているんだな、と深く納得しました。

新しく施設をつくるということは、まだ具体的には活動していないので、名前をつけたりロゴをつくったりするのはなかなか判断が難しいですよね。小藥さんが言うように、名前って単独で良い悪いというよりも、その後の活動で決まってくるところもあるからね。

このときは指名コンペで、ロゴを2案提出しました。最初につくった案は、レンガで「M」をかたどったマークに、美術館名を組み合わせたもの。自分としては悪くないなとは思ったんですが、もう少し他にもあるんじゃないかな、と。最初に電話で聞いたときの『三菱一号館美術館』という名前の違和感……違和感があるというのは、何かがあるということでもあるので、そこをもう少し考えたいなと思いました。「この名前に全てが込められています」ということを体現したロゴがいいんじゃないか、と。それで、シンボルマークがあって美術館名があるという組み合わせではなく、『三菱一号館美術館』の名前がそのままシンボルになる、そういうものをつくろうと思ったわけです。

小藥　違和感を深掘りし、エッジにされていくわけですね。

服部　三菱のマークはスリーダイヤだからこれも赤い三角がいいかなと思って、この名前を三角に収めようとしたら、『三菱』を中心に『一号館』『美術館』がシンメトリーの配置になって名前の特徴とうまく合う。この名前の不思議な感じが生きるぞと思った。さらにマークの下に『MITSUBISHI ICHIGOKAN MUSEUM, TOKYO』とアルファベットで入れたのですが、これも4行で組むとたまたま逆三角形型になって、上の三角形とマッチする。そういうのはデザインをやっていくうちにあるとき偶然が重なっていくような感じです。

小藥　手を動かしながら壊したり、意味がやってきたり、くっついていくんですね。その結果として、新しいものが生まれている。

服部　館名を判子みたいにひとかたまりにして名前＝マークにするとなると、どんなかたちがいいかなと考えた時に、もちろん三菱の「3」で三角がいいんじゃないかと思ったわけだけど、四角とか円とかも少し考えました。最初から三角ありきで始めたマークということでもないんです。三角は使いにくかったりするかもしれないし。

でも開館から10年経って、ウェブサイトや展覧会のチラシやポスターなどを見かける機会が重なってくると、その中でこの三角のマークはわりといい立ち方をしているのではないかと思いますね。

小藥　ただの三角ではないからこそ、印象に残ります。マークができて、個性がはじめて生まれ、本当の命が宿される。それはもうデザイナーの方が手を動かさない限り、この造形、個性にならないと思うんです。

服部　デザインが出来上がった後で振り返ってこうやって話すと、起承転結という感じでスムーズに出来上がったみたいですが、実際はいろいろ試行錯誤があって、行き詰まってちょっと方向を変えたり、いろいろ足掻いています。これに限らず、常にそうですね。最初からゴールを見極めて、そこに向かってひた走ることができればいいんでしょうけれど、そのゴールが遠くから見えるわけではなくて。やっぱり手を動かしながら、いろいろ作りながら、少しずつ難所を乗り越えていって、気づいたらゴールにいた、というのが実感です。

小藥　様々な試行錯誤の結果、手を動かした先に導かれた形というのも往々にしてあるじゃないですか。その過程の試行錯誤を知らないクライアントに「これがコンセプトです」と説明するとき、服部さんはどうされているんですか。

服部　人に説明するには、感覚的に判断してきた部分も言葉に置き換えないとならないですよね。それは嘘をついて後から都合よくでっち上げているわけじゃなくて、直感的に思っていたことを、よくよく振り返って考えてみればこういうことだったんじゃないか、と自分でも気づいていくようなことだと思います。

小藥　その直感のように、ある種のセンスで服部さんがされていることは必ずしもみんなが理解できるわけではないと思うんです。かわいい！美しい！と感じることはできると思いますが、それを言語化することは非常に難しいだろうなと感じます。

服部　難しいですよ。説明するのは苦手ですね。ただ、デザインがいろんな人に広がっていくには、言葉での説明が力になる部分もありますから、そういうことも重要なんだろうなと思います。

3つの名前をひとつのイメージにデザインする

小藥　弘前れんが倉庫美術館のマークも、独自のかたちを持っていますね。

服部　弘前れんが倉庫美術館は、名前がほぼ決まりつつあるぐらいのタイミングでデザインを依頼されました。これは弘前で100年ぐらい前に建った、かつてはお酒の工場だった古いレンガ倉庫を美術館に生まれ変わらせるプロジェクトで、改修は建築家の田根剛さんが手がけました。田根さんのプランを見ると、レンガの外観を保った上に、昔ここでつくっていたりんごのお酒（シードル）にちなんだゴールドの屋根をのせている。改修のコンセプトが「記憶の継承」、弘前市民が親しんできたレンガ倉庫の記憶を継承して、美術館として未来に繋げていこうということだったと思います。

ただ、三菱一号館美術館と違って、ここは現代美術館で、同時代の作家を扱う、しかも、作家に実際に弘前に滞在してもらって土地に取材した作品を制作してもらったり、とても今日的な活動をしようとしている。あらためて僕自身が美術館、特に現代美術館

HIROSAKI
MUSEUM OF CONTEMPORARY ART

弘前れんが倉庫美術館

HIROSAKI MOCA

にどんなことを期待しているかなどもいろいろ考えてみて、ロゴのデザインは、歴史を感じさせる建築の重厚なイメージからは、ちょっと離れようと。ロゴは過去よりもむしろこれから先という感じのものがいいのではないかと思いました。

小薬　このかたちは、どのように生まれてきたんですか。

服部　一番初めはそれこそリンゴのマークとか、ひらがなの「ひ」をマークにするとか、そんなことも考えました。でもやっていくうちに、いわゆるシンボリックなマークではなくて、館名を表記した文字だけでできたら一番いいんじゃないかな、となっていきました。『弘前れんが倉庫美術館』

はヴィジュアルが浮かぶいい名前だと思ったけれど、平仮名と画数の多い漢字が混ざっていて、わりと長い。それに、英語だと『Hirosaki Museum of Contemporary Art』つまり弘前現代美術館という名称で、日本語名と意味が違うんです。さらに『Hirosaki MOCA』っていう略称もあって。館名がけっこう複雑なんだけど、そこが逆にデザインの起点になるかもしれない。日本語と英語と略称、その3つの全然性格の違う名前を、何か共通のデザイン上の表現方法で、そして3つが同じ美術館をあらわしていることが見ればわかるように、3つをひとつのイメージに作れないかな、と考えました。

それで結局、弘前の「H」の横棒を長く伸ばして、館名の上に乗せてみたんです。日本語でも英語でも、改行で長さが変わっても、上の「H」は左右に伸び縮みして、文字列の長さにぴったり合わせられる。

このデザインを見て、田根さんは「楽譜みたいですね」と言っていました。言われてみると、なるほど楽譜は時間を図にしているものだから、これは時間の表現だと考えてもいいのかもしれない。「記憶の継承」の美術館だから、この横に伸びた「H」は過去から未来への時間軸と、それを刻む縦の目盛りだ、と。

小藥　自然とコンセプトが深まり、自然と文字が上がっていたんですね。

服部　名前が長いから、改行しないとまとまらない、だけどどう改行するんだろう、改行した形をきれいに見せるにはどうするんだろう、とやっているうちに、文字が斜めにせり上がっていったんだと思います。最後の「ART」と「（CONTEMPOR）ARY」が似ていて、この二つの単語が右揃えで並ぶといいかなとか。

小藥　このマークで、人は「弘前れんが倉庫美術館」と認識する。デザインが名前ですね。

服部　実際の建築は2階建てでロビーに大きいスロープ状の階段があるので、斜めの文字列は階段で1階と2階を行ったり来たりする感じかな、と考えたり。美術館のなかを巡ってるみたいな、ね。建築がゴールドの屋根を乗せたように、ロゴも水平に伸びた「H」が上に乗って、その下の文字はいつも動いている、というようなイメージで作っています。

ロゴを変えることに意味があった

小藥 服部さんがアートディレクションされた雑誌『流行通信』は、もう自由すぎて。衝撃でした。雑誌名がこうなるのかと。

服部 僕がやる前の『流行通信』のロゴは田中一光さんのデザインで、1970年代からあったものです。田中さんはいろいろなロゴを作っているけれど、その中でも『流行通信』は僕もとても好きなロゴでした。

小藥 『流行通信』を始めたきっかけは、そもそも新しいロゴの依頼だったんでしょうか。

服部 いや、雑誌全体のアートディレクションで、編集部は当初ロゴを変えるつもりはなかったと思います。『流行通信』と言えばこのロゴという感じでかなり浸透していたし、雑誌にとって命綱のような存在だった。漢字4文字のネーミングとデザインがとてもマッチしているし、編集部はともかく会社としては変えるなんてとんでもないという感じだったんじゃないかな。僕も客観的な立場だったら、ロゴだけは変えない方がいい

Ryuko Tsushin
流行通信

と言ったかもしれない。でも自分がやるとなるとまた話は別で。

そもそも僕は、この雑誌にすごく思い入れがあるんです。70年代終わりから80年代前半、自分が10代のときに見て、最初にデザインに憧れたものの一つだったので。そのころの『流行通信』は実験精神にあふれた、本当に特別な存在でした。僕が担当したのは２００２年で、時代も変わって、他にもおしゃれな雑誌がたくさん出ているし、どれもデザインがよくなっている。もう一度『流行通信』を唯一無二の特別な雑誌にしたい、でもそれは大変だぞ、と思いました。それで最初に、もし『流行通信』のロゴが変わったらちょっとした事件かもしれない、それをやっちゃおうと思ったんです。

漢字を幾何学的なかたちで描き起こしてバランスのいいロゴをつくるのはすごく技術がいる。なかなか難しそうだなと思ったんですが、四角いドットで文字をつくればうまくいきそうな気がしたんです。ドットが粗くて漢字の画数を正確に表現できずに線と線がくっついてしまってるような部分が、逆に特徴になると思った。田中さんのロゴに比べて軽薄な感じがするかなとも思いましたが、でもロゴを変えること自体に意味があると思ったんです。

小藥　当時、服部さんが担当されていたJ-PHONEの匂いも感じます。

服部　時代も近いですからね。編集部から「海外でも雑誌を売りたいから、誌名をアルファベットでも入れたい」という話があり、全然違うタイプの書体で組んだ『Ryuko Tsushin』を大きく上に乗せました。結構強引なようだけど、このコントラストがうまくいっているんじゃないかと思います。とにかく、編集部がよくこのロゴ案を思い切って採用してくれた、よく会社内を通してくれたと思います。田中一光さんは僕が担当する少し前に亡くなっていたのですが、こう言ってはなんですが、もしご存命だったら、変えられなかったんじゃないかと思います。実は雑誌の背には田中さんのロゴを残して

真夜中

いるんですよ。それを条件にして会社のOKを取り付けたんですね。

小薬　服部さんの中で、デザインしやすいネーミングって実はあったりしますか。

服部　『流行通信』『無印良品』など漢字4文字はネーミングとしてもしっくりくるし、デザインしたとき座りがいい感じはしますね。『三田文学』のロゴを2文字ずつ2行にしてデザインしましたが、4文字だとそういうこともできる。

　漢字のタイトルで言えば、『真夜中』は少しデザインに苦労しました。これは、リトルモアの文芸雑誌。最初に「タイトルは『真夜中』です」と聞いたとき、かっこいいな、いい名前だなと思いました。フランスに「真夜中」を意味する『ミニュイ』という出版社（Les Éditions de Minuit）があったり、『トムは真夜中の庭で』という児童文学の名作もあったり。『真夜中』は文芸を中心にいろんな分野の表現を扱おうという雑誌だから、名前の意味するところは、昼間の経済中心の世界とは違う価値観があるということじゃないかと思います。最初は平仮名表記という話もあったのですが、僕は漢字のほうがいいと思って、漢字でデザインを進めて提案しました。

小藥　真夜中という言葉が持つ文学の香りはわかるのですが、どうイメージを引っ張ってきて、デザインに定着させていったんですか。

服部　これはいろいろな方法で試したあとで、結局、既存のフォントをもとにしてバランスを変えたりしてつくりました。

小藥　服部さんがロゴをつくったことでただの「真夜中」が『真夜中』になったと思うんです。真夜中という言葉自体は文学のどこかにある。けれどデザインによって、世界に一つしかない真夜中の誕生なんだと思うんです。それはコピーライターには絶対できないことです。

服部　最初は漢字を造形的にとらえて幾何学的な形に描き起こした案をいろいろつくっ

たんですが、デザイン臭い感じでどうも違うなあ、と。図形になりすぎて文字らしさがなくなると、文芸雑誌なのに言葉の重みがなくなってしまうというか。それで方向転換して、普通のゴシック体で組んだ文字の文字らしい部分を生かしながら、線の長さを部分的に伸ばしたり縮めたりしてバランスを変えていくことでロゴをつくっています。真、夜、中、3文字とも縦の中心線が見える字なので、その線を伸ばして強調したり、部分的に線を横に伸ばして文字のシンメトリーを崩したり。

名前の音（おん）がイメージの拠り所になる

服部　2021年につくったのが、セレクトショップ『OCAILLE』（オカイユ）のロゴです。フランス語の辞書で引いても出てこない単語ですが、パリの地名をアレンジしたものだそうです。音（おん）がきれいですよね。

『OCAILLE』と書いてみると、「O」と「C」は丸い、「A」は三角、「I」と「L」と「E」は直線的で直角。だから、幾何学的に文字を描いていけば、丸と三角と四角が並んでいるみたいな感じになるなと思いました。それで最初に作った1案目は、「E」も直線的な形にしていて、わりとニュートラルな感じのもの。すごく個性的なフォルムのロゴってわけじゃなく、デザインやりすぎてないほうが、このお店の洗練に通じるかな、と。で、もう少しデザインした感じのものも作ってみようと思ってやった第2案が、今のロゴ。最後の「E」を、「3」を裏返したような形に変えてみた。直線の「L」が二つ並んだ後に、この丸い「E」でだいぶ柔らかい感じになる。横幅を広くした「L」に対して「E」は幅も狭く小さく見えるので、文字というより発音の記号みたいにも見えますね。フランス語ってアクサン記号がついていたり、「L」を発音しなかったりしますよね、ロゴの最後にこの記号みたいな「E」がついているところが、「オカイユ」というフランス語の柔らかさに通じるかも、とも思った。

小藥　服部さんのその〝翻訳〟が、完全にブランドの個性、顔をつくるわけですよね。名前ではなく造形が、名前になったというか。

服部　2つの案を持って行って、僕は最初、2案目はちょっとデザインが主張しすぎかな、ニュートラルな感じの1案目のほうがいいかなと思っていたのですが、お店の方と2つのロゴを眺めて話しているうちに、2案目のほうがよいかも、と思えてきた。結局、いまのデザインが選ばれました。名前の音が持っているニュアンスとうまくマッチしている感じがしますね。

小藥　ショッピングバッグはロゴに合わせてこの形にしたんですか。

服部　ロゴに合わせてということじゃないですが、ロゴを大きく入れる前提でバッグの形を考えました。以前のものは小さくささやくようにロゴがはいっていて、お店の雰囲気にも合っていたし、お店のお客さんからすると、そちらのイメージのほうが近いのかもしれない。でもロゴを大きくしたいと発注のときに言われて、イメージを変えたいということならやりがいあるなと思いました。

小藥　コピーライターは、音までしかできないのかもしれないですね。目にする文字はデザインに組み込まれていく。

服部　このロゴは名前の音をイメージの拠り所にしてできたという感じがありますね。まだ新しいロゴだから、時間が経ったときにどう見えるか、興味があります。でもまあ、ロゴって、みんなすぐ慣れていきますよね、最初に違和感があったとしても。『流行通信』の時、リニューアル1号目が出たときはネガティブな意見が結構ありました。「読めないね」とか。やっぱりそれまでの田中さんのロゴがすごく浸透していたし、僕の耳に届かないところで編集部はきっといっぱい言われたと思います。でも、あっという間にみんな慣れましたよ。いま、なんとなく好意的に見てるブランドのロゴなんかでも、よく見ると変なものとか、逆にすごく没個性的でロゴとしてどうなのっていうのとか、けっこうありますよ。でも小藥さんが言った通りで、企業やブランドがよい活動をしていると、結局ロゴもよく見えてくる。平凡でも、奇抜でも、「そこがいいんだよ」って感じがしてくる。当然その逆もある。それがロゴの宿命かな、とも思いますね。

コピーライターは、コピーやネーミングを生む。
音を持っているが、色が欠けている。
翼を持っているが、半分足らない。
紙の上で、画面の中で、どれだけ走らせても、
世界に正しく飛べない。
だからいつもデザインの翼を待っている。
嫉妬しながら、楽しみにしながら。
服部さんのデザインは、正しさよりも「好きだ」が襲う。
制作者としてそのことに驚かされ、憧れる。

小藥元

木住野彰悟さんに聞く「なまえデザイン」

NAME&DESIGN TALK 1

PROFILE

木住野彰悟

きしの・しょうご
アートディレクター、グラフィックデザイナー。
1975年東京都出身。
2007年にグラフィックデザイン事務所6D設立。
企業や商品のビジュアルアイデンティティーをメインに、
ロゴやパッケージデザイン、
空間におけるサインデザインなど幅広く手掛ける。
主な受賞にD&AD、カンヌライオンズ、One Show、アジアデザイン賞、
ADC賞、JAGDA賞、日本パッケージデザイン大賞、
サインデザイン賞 他国内外多数。

Q. ロゴやサインのお仕事では、どんなことを考えながらデザインしていますか。

ロゴやサインの場合、「こういう名前です」とご依頼をいただくわけですが、それを見た瞬間、悩むことも結構あります。「ちょっと困ったな」という名前や強すぎる名前だったり、デザインで名前を説明しなくてはいけなかったり。逆に名前が全部語ってくれているがゆえにデザインしにくかったり。いいネーミングはデザインにおいて大きなプラスになるものですが、必ずしもデザインがしやすいというわけではないですね。

小薬さんと一緒に仕事をしたサウナ施設「かるまる」（P148）は、デザインが難しいタイプのネーミングでした。「かるまる」という名前を聞いたとき、多くの人が思い浮かべる「サウナ」のイメージがなかったからです。その方向性はないことがわかったので、逆にすぐにデザインの方向性を絞ることができたのですが。ただデザインの幅がここしかない、選択肢がないとなるとプレゼンはしにくくなるし、こういうぎゅっと絞

北村写真機店
Kitamura Camera

木住野さんがデザインした北村写真機店のVI。

られているネーミングほど、デザインの技術が求められるような気がします。

自分の中ではロゴやサインのデザインに特にルールはなくて、基本的に土台となる企業やサービスや商品次第。そこで求められている「顔」をつくり、そのデザインによって「自分はどういう人である」と語ることで、多くの人の目に留めてもらえることを目指します。そういう意味では、ネーミングもロゴも企業やブランドの「味わい深い顔をつくる」ということをやっているんでしょうね。実際にデザインするとき、マーケティングでいう「ペルソナ」ではないけれど、その企業やブランドの「人格」は意識します。

New Beer Experience
Home Tap

木住野さんがデザインしたキリン「Home Tap」のVI。

具体的な人をイメージしているわけではないのですが、「こんな人柄だったらいいな」というのをデザインに載せていきます。それぞれが内側に持っているストーリーやコンセプトを語ることができ、他とは明らかに違うもの、それこそがアイデンティティーで、僕の役割はそこにあると考えています。だから、それは単純にロゴやパッケージなどの「ビジュアルをつくっている」ということではないんです。

ただネーミングもロゴも僕らがデザインした後、企業やブランドの「持ち物」になります。だから、社員や関係する人たちにいかに納得して持ってもらえるかということは常に意識しています。大好きな万年筆を持ち続けるのと同じように、ロゴやサインも「ああ、これをずっと持っておきたいな」「これを買ってよかったな」という気持ちになっていただく。中にいる人たちがそこに自分たちのアイデンティティーを感じて、そういう気持ちになってくれない限り、それを外の人たちに伝えていくことは難しいと思うんです。もちろん、そうならないようにするのが僕らの仕事ではあるのですが。

さきほどの「かるまる」も人気施設になったこともあり、名前が馴染んだ感がありますが、付けた当初はこれが正解であるかどうかなんて誰にもわからなかった。小薬さんも僕もその時点で「この施設はこう見せるのがいいと思う」という大きなディレクションをしたに過ぎなかったわけですから。クリエイティブの力も必要だけど、名前は企業やブランドにとってアイデンティティーの最たるもの。だから、関わる人それぞれが「育てていく」という感覚を持つことが大事になってくるんでしょうね。

NAME&DESIGN TALK 2

佐藤孝好さんに聞く「なまえデザイン」

PROFILE

佐藤孝好

さとう・たかよし
クリエイティブディレクター、アートディレクター
1979年千葉県生まれ。横浜育ち。渋谷在住。
広告制作会社、広告代理店、
すき あいたい ヤバい（元ロックンロール食堂）を経て独立。
ブランドを「産んで」「育てて」「共に生きる」ことを
モットーとしたオギャー株式会社代表。
大企業のマス広告から新規ブランド立ち上げ、
超ローカル企業のブランド開発までミクロと
マクロを縦横無尽に横断しながら社会をよりよくするための
新しいコミュニケーションを模索中。

Q. 商品や施設などのロゴをつくっていくうえで、大切にしていることを教えてください。

街中でロゴを見たとき、「ああ、これはデザイナーのエゴが残ってるな」「この名前に、この色はいらないよな」と感じてしまうことがあります。というのも、ロゴなどのデザインの場合、自分としてはネーミングが向かうべきところに100％正しく着地しているデザインが一番いいと思っているからです。どんな仕事でも常に考えているのは、ネーミングが指し示している方向性や描いているビジョンを適切に表現できているかということ。とはいえ、僕は自分の作家性をデザインに足せないことを課題に感じているのですが、それよりもこのネーミングを正しいところに着地させたいという気持ちが強くあります。

僕の会社の名前は「オギャー」というのですが、その名前のせいか、新規事業や新ブランドの立ち上げのときに声をかけていただくことがあります。ご依頼をいただいて感

佐藤さんがデザインした「111-ICHIICHIICHI-」のVI。

じるのは、どのネーミングも多くの意味の集合体であったり、伝えたいことが凝縮されたものになっているということ。その中の一部だけをロゴとして具体的に表現してしまうと、言葉の意味を狭めてしまいかねない。以前に小藥さんと一緒に仕事をしたパルコの「1/ ONE SLASH」、ポップアップスペース「111-ICHIICHIICHI-」では、そのことをすごく感じました。デザインにより、その意味の一部だけに偏った説明が入ると、そこに引っ張られてしまう。だから、その事業やプロジェクトのすべてがつまったネーミングに余分なノイズを入れないように、気を付けながらデザインしました。特に「111-ICHIICHIICHI-」

オギャー株式会社

佐藤さんがデザインした自身の会社「オギャー」のVI。

は、普通に「1」という細い線を3つ並べるだけでロゴに見えるのだろうか。この空間での新しい試みをこの数字に背負わせるにはどうすればいいのかと、悩みながらの作業でした。ここはポップアップスペースとして多様なお店が入ってくるので、ロゴには余計な色が出ないように器に徹するデザインを意識しました。

一方、自分の会社は「オギャー」というまさに産声の解放感みたいなものを出したくて、カドの削れてないカチッとしたカタカナのこのロゴです。繊細なデザインでギャップを感じさせたり、もっと漫画調に盛り上げたりして表現を尖らせるという手法もあるかもしれませんが、それよりも、恥じらいや意図も、上手い下手もなく生まれたての子どもが泣き叫んでいる感じがふさわしいと思いました。

名前って、人間がオギャーと生まれたときに必要になりますよね。また、どんなものでも世の中に存在するには名前が必要で、それによって区別や認識がされる。ただ人や物に名前がついたとしても、そこに必ずしもロゴデザインが必要とされているわけではないですよね。世の中のほとんどの人は自分の名前のロゴなんて持っていないけれど、ちゃんと区別され認識されているし、それで世の中が成立しているわけですから。つまり名前って何のメディアもなしに、存在し、人から人へと伝えることができる。そう考えると、「ネーミング」ってすごいことだなと。そのネーミングの背負っている意味やメッセージを「あ、こういう事業なんだね」「こういうことがしたいんだ」などと適切に伝えることがデザインの役割であると、今回インタビューのお話をいただいてあらためて思い直しました。

古谷萌さんに聞く「なまえデザイン」

NAME&DESIGN TALK 3

PROFILE

古谷萌

ふるや・もえ
アートディレクター、イラストレーター
1984年東京生まれ。
多摩美術大学グラフィックデザイン学科卒業。
株式会社電通を経て、2017年「Study and Design」設立。
グラフィックデザインを中心に幅広い分野で活動。
2020年「vermilion」を自身のプロジェクトとして開始。
自らの思考・思想をグラフィックワークを介して
社会へ発信する。

Q. ネーミングとデザインの関係を、どのようにとらえていますか。

僕の仕事はデザインをつくることですが、名前にこそ魂が宿ると考えているので、機会があれば自分でもネーミング案を提案して、実際に採用されたものもあります。だからこそ、自分の会社名「Study and Design」を決めるのには、半年くらいかかりました。そのとき考えていたのは、自分が悩んだり迷ったりしたときに支えになってくれたり、迷いなく進むことができる指針となる名前でした。僕にとって「名前」はクライアントワークでも、自分のプロジェクトでも、初心や志を確認できる、いつでも立ち戻れる場所、という考え。だから、「古谷萌デザイン事務所」にしてしまったら、機能しないと思って。それで「日常のあらゆる事象から学び研究を行うこと（Study）とその学習を応用しアウトプットにすること（Design）を呼吸のように繰り返す」。それを自分は一生やり続けていこうという想いのもと、この名前に決めました。

ネーミングの仕事で印象的だったのは、小藥さんとご一緒した「からだにユーグレ

富士見台トンネル

FUJIMIDAI TUNNEL

古谷さんがデザインした「富士見台トンネル」のVI。

ナ」（P218）です。クライアントとのミーティング中、しっくりくる名前が見つからず煮詰まってきたときに、小藥さんが「じゃあ、『からだにユーグレナ』はどうですか？」と言った瞬間に、みんながワーッと沸いてその場で決まってしまった。ああいうふうに決まる瞬間に遭遇することって、これまでありませんでした。この商品では、グリーンのドットを使ってパッケージをデザインしました。「ユーグレナ」という名前に「からだに」という4文字がついたことで、人間の細胞一つひとつにユーグレナの栄養が行き渡るイメージが浮かび、正常化された細胞＝グリーンのドットのアイデアが生ま

古谷さんがデザインした「UNITED RICE BALL」のVI。

れました。

東京・国立富士見台団地にあるシェア商店「富士見台トンネル」のロゴをつくったときも、名前からのインスピレーションがありました。様々な人が自分の可能性を掘るトンネルというコンセプトで、ロゴは「ト」と「T」がつるはしのかたちになっています。2つの国を結ぶフードイベント「UNITED RICE BALL」も、その名前を聞いた瞬間に、おむすびの海苔の部分が国旗になっているロゴが頭に浮かびました。いいネーミングって、聞いた瞬間に、ロゴやそれがある風景が見えてくる。そういう意味では、いいネーミングの中にはもうデザインが入っているとも言えるのかもしれないですね。

僕がデザインをするときに心がけているのは、ただ目立つだけの個性的な服ではなく、その人（企業やブランドなど）に合った服を着せてあげたい、ということ。そもそも服を着ることができない体型だったら、そこから直してあげたいとも思います。ベースとなるもの、つまり商品やサービスの中身をよくしない限り、その人に着せた服はいつまで経っても似合わなくて結局は続かなくなってしまう。最近、パッと始まってあっという間に終わってしまうブランドやプロジェクトが増えている気がして。その企業やブランドが、はじめに志して決めたデザインやネーミングを愛し続けて育ててくれたら、もう少し続くんじゃないかなと思ったり。長く続けば、最初は少し背伸びした言葉やデザインも、自然と似合うようになってそれが自分自身になる。そういう化学反応も起きるのではないかと思っています。だから、僕がつくるデザインやネーミングにも持続できる体力を持たせて、長く愛してもらえるものにしていきたいと考えています。

あとがき

博報堂を独立してすぐに感じたことは、コピーライターという「職業名」のあまりにふわっとしたイメージだった。「何をする人か」の言語化が、社会に対して出来ていないのだ。自分の人生を賭けようと思っていた職業が、CMを打つ大企業に囲まれた村社会フレームに、あまりに依存していた事実に気付かされた。価値や必要性を説明できるクライアントや経営者は、そう多くない。社会の中で価値化されていないのだとすれば、それは危うい。ブランド、クリエイティブ、コミュニケーション。

それらを自負する職業名だけが溢れる社会と、これだけ何かを創作することが誰でもオープン化・サービス化された時代に、強烈に存在理由を突き付けられている気がした。

しかし大切なことは「職業の名」などではなく「個人の名」である。料理人だから人が予約をとるわけでも、医者だから手術が舞い込むわけでもなく、その人の腕の良さ・評判の良さで、人は数え切れない選択肢から指名するように。
これまでと、これからの仕事の一つひとつを通して、私自身の腕や技術、プロであることの証明をしつづけなければいけないと思っている。

商品でも、事業でも、企業全体でも。
言葉は柱になり、矢印となり、価値創造できる。
人の意識を変えたり、人を惹きつけることができる。

ブランドの中も外も、未来さえも繋ぐものとなる。

コピーとはアートではない。必ずビジネスにおける目的があり、解決しなければいけない宿命がある。つまりそれは「言葉をベースにした、人の心と企業を動かすアイデアの塊」と言える。それはスローガンのように鋭い1行の場合もあれば、パーパスや数行のステートメントもあれば、本書の主題である「なまえ」に集約収斂される。

私の中でコピーを生み出す行為と、ブランド名や何かを名づける行為は、どちらもたいせつなプロとして同列の仕事だ。

「なまえ」がない広告はないし、ブランドもない。CMを見ていると、実に会社名やブランド名に寄った企画、名をもじったようなコピーワークが多いことに気づく。「覚えてもらう為」はもちろんだが、それだけ「なまえ」は個性的で、他社にはないオリジナルの価値に光って見える。私たちは特別な意味をそこに感じ、制作者は本能的に惹かれてしまうのだ。

ただ「なまえ」と言われても、多くのビジネスパーソンが「自分の名前」を想起するように、ビジネスと距離の離れているテーマだと思った。だからこそ、この書籍名には頭を悩ませた。

多くの先輩・友人に相談してしまったことを告白する。散々偉そうなことを言ってきたにもかかわらず、恥ずかしい限りだ。

最終的に「なまえデザイン」というタイトルにした。偏った職業イメージを、少しでも拡張したいと思う自分が隠せなかったからなのだろう。

本書を通じ「なまえ」が持つ力や可能性、「なまえデザイン」の思考や手法に加え、コピーライターという職業を知っていただけたら幸いに思う。

この本を手に取り、ここまで読んでくださった方々に。
私を育ててくださった全てのクライアントの皆さまとの出会いに。
共にいい仕事にしようと格闘する仕事仲間の皆さまとの日々に。
心から感謝申し上げます。

博報堂時代から私を知り、本書を書く機会をご相談くださった宣伝会議の篠崎さん、独立直後から私に声を掛け続けてくださった宣伝会議の御堂島さん、貴重なお話を伺う依頼を快く引き受けてくださった嵜本晋輔さん、松場登美さん、手塚貴晴・由比さん、服部一成さん、取材させていただいた木住野彰悟さん、佐藤孝好さん、古谷萌さん、装丁を手がけてくださった寄藤文平さん、垣内晴さんに。
深く深くお礼いたします。

最後に。
私にコピーライターという名刺をくれた古巣の博報堂、
愛する妻とかわいい息子たちにも大きなありがとうを。

小藥元

著者

小藥元

GEN KOGUSURI

クリエイティブディレクター／コピーライター

1983年1月1日生まれ。早稲田大学卒業後、2005年博報堂入社。

2014年meet&meet設立。主な仕事に、

FIBAバスケットボール・ワールドカップ2023テレビ朝日「1歩、1本、日本。」、

TikTok「もっと世界を好きになる。」、KAGOME「よろこびを、一から土から。」、

NHK連続テレビ小説『おかえりモネ』「晴れ、雨、進め。」、

川崎市「Colors,Future！いろいろって、未来。」、

岡山県「暮らしJUICY!」、ダイハツROCKY「新自由SUV」、

アンパンマンこどもミュージアム「いっしょにわらうと、いっぱいたのしい。」、

池袋PARCO「変わってねえし、変わったよ。」、

マイケル・ジャクソン遺品展「星になっても、月を歩くだろう。」などの

ブランドコピー開発に加え、大ヒット商品「まるでこたつソックス」、

人気サウナ宿泊施設「かるまる」、PARCO「パルコヤ」、

コメダ珈琲店「ジェリコ」「小豆小町」「コメ黒」、

モスバーガー×ミスタードーナツ「MOSDO!」、DAISO「THREEPPY」、

Panasonic Homes「artim」、Google「肯定度」、YAHOO!「Yell Market」、

clear「SAKE HUNDRED」などのブランドネーミング多数。

ブランドコンセプト及びコピー開発をコアに、様々な企業の事業定義、

CI策定、ブランディングプロジェクトをリードする。

東京コピーライターズクラブ会員（2006年新人賞）

HP:meet-and-meet.com

なまえデザイン

そのネーミングでビジネスが動き出す

発行日
2023年5月24日　初版
2023年7月12日　二刷

著者　小藥 元

発行人　東 彦弥

発行所
株式会社宣伝会議
〒107-8550 東京都港区南青山3-11-13
TEL.03-3475-3010（代表）
https://www.sendenkaigi.com

装丁　寄藤 文平、垣内 晴

DTP　白石知美、安田浩也（システムタンク）

印刷・製本　シナノ書籍印刷

ISBN 978-4-88335-570-9 ©GEN KOGUSURI 2023 Printed in Japan

なぜウチより、あの店が知られているのか?
ちいさなお店のブランド学

嶋野裕介・尾上永晃 著

多くの個人や企業がネットショップやSNSを通じてビジネスする時代に不可欠となっている「SNSで注目される・知られる」ための方法。広告プランナーでSNSとPRのプロである著者2人が、そのために必要な「客観視」のやり方やSNS発信で使う「技」を解説。

■本体1800円+税　ISBN 978-4-88335-569-3

わかる! 使える! デザイン

小杉幸一 著

仕事において、あらゆるシーンでかかわってくるデザイン。しかし、どう判断すべきかわからず、苦手意識がある人も多いのでは? 本書ではデザインを依頼する側が自信を持ってデザインの良し悪しを判断できるようになる考え方のヒントと具体的な事例を紹介。

■本体2000円+税　ISBN 978-488335-551-8

好奇心とクリエイティビティを引き出す
伝説の授業採集

倉成英俊 著

電通Bチーム、アクティブラーニングこんなのどうだろう研究所を立ち上げ、自称「伝説の授業ハンター」である著者が、教育業界~実業界、日本~海外、現代~過去、学校~家庭~企業、有名~無名と、カテゴリーと時空を超えて採集した「伝説の授業」20選。

■本体1900円+税　ISBN 978-4-88335-550-1

わたしの言葉から世界はよくなる
コピーライター式ホメ出しの技術

澤田智洋 著

「ダメ出し」が蔓延する現代社会に必要なのは「ホメ出し」だ! 著者・澤田智洋が教える、圧倒的に人間関係を広げるための言葉の考え方・選び方。3つのステップを実践的に学ぶことで、大切な人の魅力を自分の言葉で表現できるようになる。

■本体1800円+税　ISBN 978-4-88335-552-5